말할 줄 알면 프로그램 만든다

AI와 대화하며 만드는 바이브 코딩

이동훈 지음

서울경제경영

들어가는 말

새로운 시대의 문턱에서

우리는 지금 인류 역사상 그 어느 때보다도 역동적인 환경에 서 있습니다. 수십 년간 축적된 반도체 기술의 놀라운 발전과 인공지능 연구자들의 끊임없는 노력이 만나 하나의 기적을 만들어내고 있습니다. 바로 인공지능(Artificial Intelligence, AI) 시대가 열리고 있는 것입니다.

18세기 말 증기기관의 발명으로 시작된 산업혁명이 인류의 삶을 근본적으로 바꾸어 놓았듯, 지금 우리가 보고 있는 AI 혁명 역시 우리의 일상, 업무, 그리고 사고방식 자체를 완전히 변화시킬 것입니다. 하지만 이번 혁명은 단순히 기계가 인간의 물리적 노동을 대체하는 것을 넘어, 인간의 지적 활동 영역까지 확장되고 있습니다.

이러한 거대한 변화의 물결 속에서, 저는 특히 한 가지 변화에 주목하고 있습니다. 바로 프로그래밍 능력의 민주화입니다. 지금까지 소수의 전문가만이 접근할 수 있었던 프로그래밍이 이제 모든 사람에게 열린 문이 되는 것입니다.

프로그래밍 패러다임의 혁명적 변화

지난 수십 년간 프로그래밍은 고도로 전문화된 영역이었습니다. 복잡한 문법을 외우고, 수없이 많은 에러 메시지와 씨름하며, 때로는 몇 시간씩 머리를 싸매고 문제를 해결해야 하는 일이었습니다. 이 때문에 많은 사람이 프로그래밍을 '전문가만이 가능한' '천재들만의 영역' 혹은 '불가해한 마법'으로 여겨왔습니다.

하지만 2023년 1월, 테슬라와 OpenAI에서 AI 연구를 이끌어온 안드레이 카파시(Andrej Karpathy)가 트위터에 남긴 한 문장이 이 모든 고정관념을 흔들어 놓았습니다.

"The hottest programming language is English(가장 핫한 프로그래밍 언어는 영어입니다)." 이는 단순한 농담이 아니었습니다. 그는 곧 일어날 엄청난 변화를 예견하고 있었던 것입니다.

실제로 우리는 지금 그 변화의 한복판에 있습니다. ChatGPT, Gemini, Claude, Grok 같은 LLM과 Cursor, Lovable와 같은 AI 도구들이 등장하면서, 이제 우리는 복잡한 프로그래밍 언어를 배우는 대신 일상적인 언어로 컴퓨터와 대화할 수 있게 되었습니다. "이런 기능을 가진 프로그램을 만들어주세요."라고 말하면, AI가 즉시 동작하는 프로그램을 만들어주는 시대가 온 것입니다.

이것이 바로 이 책에서 소개하고자 하는 바이브 코딩(Vibe Coding)의 핵심입니다. 딱딱한 문법과 규칙에 얽매이지 않고, 자연스러운 대화를 통해 원하는 프로그램을 만들어가는 새로운 방식입니다. 마치 숙련된 요리사에게 "매콤달콤한 닭볶음탕을 만들어주세요."라고 부탁하듯, AI에게 "사용자 친화적인 가계부 프로그램을 만들어주세요."라고 요청하는 것입니다.

상상해보십시오: 새로운 세상의 모습

잠시 눈을 감고 상상해보십시오.

소상공인인 김 사장님이 매번 반복되는 재고 관리 업무에 지쳐 "우리 가게 재고를 자동으로 관리해주는 프로그램이 있으면 좋겠는데..."라고 혼잣말을 합니다. 그리고 1시간 후, 그는 자신의 가게에 최적화된 재고 관리 프로그램을 사용하고 있습니다.

회사에서 근무중인 박 과장님은 매주 작성해야 하는 보고서 양식 때문에 스트레스를 받고 있었습니다. "보고서를 자동으로 정리해주는 프로그램이 있으면 얼마나 좋을까?"라고 생각한 그는 30분 만에 자신만의 보고서 자동 생성 프로그램을 완성합니다.

학생인 최군은 외국어 단어 암기가 어려워 "내가 틀린 단어만 골라서 반복 학습시켜주는 프로그램"을 만들어 친구들과 함께 사용합니다.

이것은 더 이상 상상 속의 이야기가 아닙니다. 바로 우리가 향해 가고 있는 현실입니다. 각자가 필요에 따라 자신만의 도구를 만들고, 삶의 문제를 스스로 해결하는 세상입니다.

왜 지금인가?

어떤 이들은 물어볼 것입니다. "왜 하필 지금일까요? 컴퓨터가 나온 지 수십 년이 지났는데, 왜 이제서야 이런 일이 가능해진 것일까요?"

답은 바로 세 가지 혁신의 동시적 수렴에 있습니다.

첫째, 반도체 기술의 기하급수적 발전입니다. 무어의 법칙을 따라 발전해온 컴퓨팅 파워가 이제 인공지능이 실용적으로 작동할 수 있는 임계점에 도달했습니다. 예전에는 슈퍼컴퓨터에서나 가능했던 연산이 이제 우리 손안의 스마트폰에서도 가능해졌습니다.

둘째, 빅데이터와 클라우드 컴퓨팅의 성숙입니다. 인터넷의 폭발적 확산으로 생성된 천문학적 양의 데이터와 이를 처리할 수 있는 클라우드 인프라가 갖춰졌습니다. 이 방대한 데이터가 AI 모델들을 훈련시키는 양분이 되었습니다.

셋째, 딥러닝과 트랜스포머 아키텍처의 혁신입니다. 2017년 구글이 발표한 "Attention Is All You Need.(주의력만 있으면 충분하다)" 논문으로 시작된 트랜스포머 기술이 언어 이해와 생성에 혁명을 가져왔습니다. 이로 인해 AI가 마치 인간처럼 자연스럽게 언어를 이해하고 생성할 수 있게 되었습니다.

이 세가지 혁신이 만나 우리는 지금 언어로 프로그래밍하는 시대를 맞이하게 된 것입니다.

변화의 속도는 상상을 초월합니다

이 변화의 속도는 정말 놀라울 정도입니다. 2022년 11월 ChatGPT가 공개된 지 불과 3년 만에 전 세계에서 약 8억 명의 사람들이 매주 ChatGPT와 대화하고 있습니다.

더욱 놀라운 것은 글로벌 빅테크 기업들의 변화입니다. 선다 피차이(Sundar Pichai) 구글 CEO는 지난 2024년 10월 3분기 실적 발표회에서 "구글의 신규 코드 중 25% 이상이 AI에 의해 생성된 뒤 엔지니어의 검토와 승인을 거친다."고 밝혔습니다. 오픈AI, 메타, 마이크로소프트 등도 20~30% 정도의 코드를 AI에 맡기고 있는 것으로 전해졌습니다.

GitHub와 MIT가 공동으로 진행한 연구에서는 Copilot을 사용한 개발자 그룹이 과제를 평균 55.8% 더 빠르게 완료했다는 결과가 나왔습니다.

기존 6개월에서 1년이 소요되던 소프트웨어 개발이 이제 몇 주, 때로는 며칠 만에 완성되고 있습니다. 하지만 이것은 시작에 불과합니다. 전문가들은 앞으로 5년 내에 '자연어'가 가장 인기 있는 '개발 언어'가 될 것이라고 예측하고 있습니다.

이 책이 추구하는 가치

이러한 시대적 흐름 속에서 이 책은 작은 한 걸음을 내딛고자 합니다. 거창한 이론이나 복잡한 기술을 설명하는 대신, 여러분이 실제로 사용할 수 있는 프로그램을 직접 만들어보는 경험을 제공하고자 합니다.

이 책의 제목인 "**말할 줄 알면 프로그램 만든다. - AI와 대화하며 만드는 바이브 코딩**"에는 깊은 의미가 담겨 있습니다.

'말할 줄 알면'이라는 표현은 프로그래밍이 더 이상 특별한 사람들만의 전유물이 아니라는 믿음을 담고 있습니다. 여러분이 누구든, 어떤 배경을 가지고 있든, 좋은 아이디어와 해결하고 싶은 문제만 있다면 충분합니다.

'바이브 코딩'은 복잡한 기술적 제약에 얽매이지 않고, 자연스럽고 직관적인 방식으로 프로그래밍한다는 철학을 나타냅니다. 마치 친구와 대화하듯 편안하게, 음악에 맞춰 춤추듯 자연스럽게 코딩하는 것입니다.

'AI와 대화하며 만드는 바이브 코딩'이라는 부제는 이 모든 것이 AI와의 대화를 통해 이루어진다는 것을 강조합니다. 복잡한 코드를 외우고 타이핑하는 대신, 내가 원하는 것을 명확히 설명하고 AI와 협업하여 만들어가는 과정입니다.

이 책에서 만나게 될 놀라운 경험들

이 책을 통해 여러분은 다음과 같은 경험을 하게 될 것입니다:

첫째, 첫날부터 프로그램 만들기입니다. 복잡한 문법을 공부한 후에야 간단한 'Hello World'를 출력하는 기존 방식과는 완전히 다릅니다. 바이브 코딩에서는 첫날부터 여러분이 실제로 사용할 수 있는 유용한 프로그램을 만들어볼 수 있습니다.

둘째, 실용적인 프로젝트 중심 학습입니다. 이론을 위한 이론이 아니라, 여러분의 일상에 도움이 되는 실제 프로그램들을 만들어가며 자연스럽게 프로그래밍을 이해하게 됩니다. 게임부터 중복 파일 정리 도구, 주식 분석 프로그램까지 다양한 프로젝트를 경험하게 됩니다.

셋째, 점진적 성장의 기쁨입니다. AI와 대화하며 프로그램을 만들어가는 과정에서 자연스럽게 프로그래밍의 핵심 개념들을 이해하게 됩니다. 어느새 여러분은 AI에게 더 정확하고 효과적으로 요청하는 방법을 익히고, 복잡한 문제를 단계별로 해결하는 사고력을 기르게 될 것입니다.

새로운 세상을 향한 첫걸음

이제 프로그래밍은 더 이상 전문 교육을 받은 프로그래머들만의 전유물이 아닙니다. 내가 해결하고 싶은 문제가 있고, 만들고 싶은 것에 대한 명확한 비전이 있다면, 여러분도 충분히 자신만의 프로그램을 만들 수 있습니다.

물론 이 변화가 모든 것을 해결해주지는 않습니다. 대규모 시스템을 구축하거나 복잡한 알고리즘을 최적화하는 일에는 여전히 전문적인 지식과 경험이 필요할 것입니다. 하지만 일상의 크고 작은 문제들을 해결하고, 창의적인 아이디어를 구현하는 데 있어서는 이제 기술적 장벽이 크게 낮아졌습니다.

더 중요한 것은 이러한 기술적 진보가 단순히 개인의 편의를 위한 것이 아니라는 점입니다. 더 많은 사람이 자신의 아이디어를 실현할 수 있게 됨으로써, 우리 사회 전체의 창의성과 생산성이 기하급수적으로 향상될 수 있습니다.

작은 카페 사장님이 만든 독특한 주문 관리 시스템이 다른 소상공인들에게 영감을 줄 수 있고, 학생이 만든 학습 도구가 교육 방식의 혁신을 가져올 수 있습니다. 각자의 경험과 통찰에서 나온 다양한 솔루션들이 모여 더 풍요로운 디지털 생태계를 만들어 갈 것입니다.

함께 만들어갈 미래

이 책은 끝이 아니라 시작입니다. 여러분이 이 책을 통해 바이브 코딩을 경험하고, 자신만의 프로그램을 만들어보며, 그 과정에서 느낀 기쁨과 성취감이 더 큰 변화의 씨앗이 되기를 바랍니다.

앞으로 10년, 20년 후 우리가 살게 될 세상을 상상해보십시오. 모든 사람이 자신의 필요에 맞는 도구를 스스로 만들고, 창의적인 아이디어를 자유롭게 구현하며, 기술이 정말로 인간의 삶을 풍요롭게 만드는 세상입니다.

그런 세상으로 가는 길에 이 책이 작은 이정표가 되기를 희망합니다. 인공지능이라는 강력한 동반자와 함께, 우리 모두 새로운 가능성의 문을 열어보십시오.

여러분의 여정이 지금 시작됩니다.

목차

Hello
I’m VibeCoding

Let’s talk, and make
code together

Start coding with your voice!

Part. 01

바이브코딩을 시작하며

말로 코딩을 시작해보세요!

❶ 코딩이란?

프로그래밍을 전혀 해본 적이 없는 분들에게 '코딩'이라는 단어는 어떻게 다가올까요? 아마도 복잡한 수학 공식들이 가득한 검은 화면이나, 밤새워 키보드를 두드리는 개발자의 모습을 떠올리실 것입니다.

하지만 실제 코딩은 여러분이 생각하는 것보다 훨씬 친근하고 흥미로운 일입니다. 마치 요리 레시피를 작성하거나, 친구에게 길 안내를 해주는 것과 비슷한 면이 있습니다.

이 책에서는 코딩이 정확히 무엇인지, 그리고 바이브 코딩이라는 새로운 접근법이 어떤 것인지 알아보겠습니다.

코딩은 컴퓨터와 대화하는 방법을 배우는 것

코딩(Coding)이란 간단히 말해서 프로그램을 만드는 과정입니다. 여기서 프로그램이란 컴퓨터가 특정한 일을 수행하도록 만든 소프트웨어를 말합니다.

코딩을 다른 말로 표현하면 '컴퓨터와 대화하는 방법을 배우는 것'이라고 할 수 있습니다. 우리가 친구와 한국어로 대화하듯이, 컴퓨터와는 프로그래밍 언어로 대화하는 것입니다. 이 책에서는 Python(파이썬)이라는 언어를 사용할 예정입니다.

■■ 사람과 컴퓨터 대화 개념도

만약 외국인에게 김치찌개 만드는 법을 설명한다고 생각해 봅시다. 여러 가지 방법이 있겠지만, 저는 이렇게 할 것 같습니다.

1단계:"먼저 김치를 준비해 주세요."

2단계:"팬에 기름을 두르고 김치를 볶아 주세요."

3단계:"물을 넣고 끓여 주세요."

4단계:"두부와 돼지고기를 넣어 주세요."

이처럼 단계별로 차근차근 설명하여 상대방이 차례대로 시행할 수 있게 설명할 것 같습니다. 코딩도 마찬가지입니다. 컴퓨터에 "이런 일을 해주세요!"라고 단계별로 명령을 내리는 것이 바로 코딩입니다.

프로그램이란 정확히 무엇일까?

컴퓨터 프로그램은 '컴퓨터에서 실행될 때 특정 작업을 수행하는 일련의 명령어들의 모음'입니다. 그리고 프로그래밍(Programming)은 '프로그램을 만드는 작업'을 말합니다. 쉽게 말해서 '컴퓨터를 위한 요리 레시피'를 작성하는 일이라고 생각하면 됩니다.

이것은 우리의 일상과도 비슷합니다. 아침에 일어나 출근할 때까지의 일련의 과정을 정리해 보면 아래와 같습니다.

'눈을 뜬다. ⇒세수를 한다. ⇒아침 식사를 먹는다. ⇒옷을 갈아입는다. ⇒ 출근한다.'

이런 명령어들을 순서대로 나열된 것이 바로 프로그램이고, 이런 프로그램을 만드는 과정이 프로그래밍입니다.

아침에 출근하는 순서도

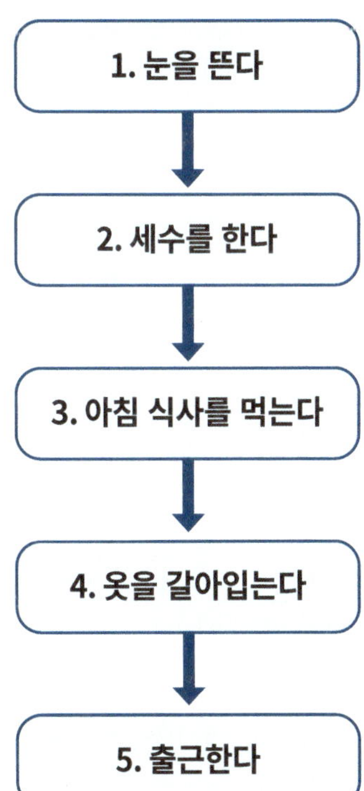

프로그램에는 정말 다양한 종류가 있습니다. 모바일 앱, 웹사이트, 게임기의 게임, 임베디드 소프트웨어, 서버용 프로그램 등등... 하지만 이 책에서는 개인 PC에서 동작하는 **데스크탑 어플리케이션 프로그램**을 만드는 것에 집중하겠습니다.

왜 데스크톱 프로그램에 집중할까요? 초보자에게는 데스크톱 프로그램이 더 직관적이고 이해하기 쉽기 때문입니다. 프로그램 파일을 더블클릭하면 바로 실행되고, 즉시 결과를 볼 수 있어서 성취감도 큽니다.

웹 프로그램이나 모바일 앱을 만들려면 서버-클라이언트, 데이터베이스, 배포 등 다소 복잡한 개념들을 추가로 배워야 하지만, 데스크톱 프로그램은 내 컴퓨터에서 바로 실행해 볼 수 있어 학습하기에 가장 적합합니다.

데스크톱 애플리케이션

- 여러분의 컴퓨터에서 바로 사용 가능
- 일반적으로 인터넷이 없어도 기본 기능은 사용 가능
- 예시: 메모장, 포토샵, 게임, 음악 플레이어, 계산기

바이브 코딩: 완전히 새로운 코딩의 세계

이제 이 책의 핵심 키워드인 바이브 코딩(Vibe Coding)에 대해 소개해 드리겠습니다.

바이브 코딩(Vibe Coding)은 테슬라와 xAI에서 AI 연구로 유명한 안드레이 카파시(Andrej Karpathy)가 2025년 2월 X(옛 트위터)에서 처음 소개한 용어로, **'AI를 활용해 개발자가 코드의 세부 사항을 깊이 파고들지 않고도 소프트웨어를 만드는 새로운 코딩 방식'**을 의미합니다.

카파시는 이를 '바이브(느낌)에 완전히 몸을 맡기고, 지수적 발전을 즐기면서, 코드가 있다는 사실조차 잊어버리는 방식'이라고 설명했습니다.

여기서 '바이브(Vibe)'는 전통적인 코딩 방법(세미콜론 하나 빠뜨려도 문법 에러가

발생하는 딱딱한 문법과 규칙에 얽매이는 스트레스가 많은 방법)이 아니라, '자유롭고 자연스러운 "느낌"으로 코딩', '마치 친구와 대화하듯 편안하게, 혹은 음악에 맞춰 춤추듯 자연스럽게 코딩'하는 방법이라는 뜻입니다.

즉, '바이브 코딩'은 복잡한 기술적 제약에 얽매이지 않고, 직관적이고 자연스러운 느낌으로 프로그래밍한다는 의미를 담고 있습니다.

안드레이 카파시는 2023년 1월 24일 트위터[1]에 "The hottest programming language is English(가장 핫한 프로그래밍 언어는 영어입니다)"라는 말을 남겼습니다.

이 말은 단순한 농담이 아닙니다. AI 기술의 발전으로 이제 우리는 복잡한 프로그래밍 언어 대신 일상적인 영어(또는 한국어)로 컴퓨터에 원하는 것을 명령할 수 있게 되었습니다.

엔비디아(NVIDIA) CEO 젠슨 황도 "영어가 AI 발전 덕분에 새로운 프로그래밍 언어가 되고 있다."며, "아무도 프로그래밍하지 않아도 되고, 프로그래밍 언어가 인간의 언이가 되도록 하는 김퓨딩 기술을 만드는 것이 우리의 일"이라고 발한적이 있습니다.[2]

1 2023년 4월 X Corp.에 합병되었습니다.
2 아랍에미리트 두바이에서 열린 세계정부 정상회의(2024. 2. 12.)

전통적인 코딩과 바이브 코딩 비교

일반적인 코딩과 새롭게 등장한 바이브 코딩에 대해 비교해 보도록 하겠습니다.

전통적 방식의 코딩	바이브 코딩
프로그래밍 문법과 명령어를 배워야 함	내가 원하는 기능을 일상 언어로 설명
코드를 한 글자씩 직접 타이핑 *(베짜는 아낙처럼 코딩빚는 코더 혹은 프로그래머)*	AI가 자동으로 코드를 작성해 줌
에러가 나면 전문 도서나 인터넷을 뒤져가며 해결책 찾기 *(아니면 잘하는 사람에게 징징대기)*	즉시 프로그램 실행하고 결과 확인 *(단시간에도 프로그램 제작 가능)*

바이브 코딩에서는 **사용자가 몇 문장으로 원하는 프로그램의 기능을 설명하면, 코딩에 특화된 대규모 언어 모델(LLM)이 그에 맞는 소프트웨어를 생성해줍니다.**

여기서 프로그래머의 역할은 코드를 직접 쓰는 역할에서, 'AI가 만든 코드를 검토하고, 테스트하며, 필요하면 수정 요청을 추가로 전달'하는 식으로 바뀝니다. 마치 영화 감독이 배우에게 연기 지시를 내리듯, 프로그래머는 AI에게 "조금 더 이렇게 해봐"라고 방향을 제시하는 셈입니다.

새로운 시대의 문이 열리다

바이브 코딩의 등장은 단순히 새로운 코딩 방법이 하나 더 생긴 것이 아닙니다. 이는 프로그래밍 자체의 패러다임을 완전히 바꾸는 혁신적인 변화입니다.

과거에는 프로그래밍이 전문가들만의 영역이었다면, 이제는 아이디어만 있으면 누구나 자신만의 프로그램을 만들 수 있는 시대가 왔습니다. 마치 스마트폰의 등장이 사진 촬영을 전문가만의 영역에서 모든 사람의 일상으로 만든 것과 같은 변화입니다.

실제로 와이콤비네이터(YC)[3]의 2025년 겨울 배치 스타트업 중 25%가 코드베이스의 95%를 AI로 만들었다고 합니다.

3 미국 최대의 스타트업 엑셀러레이터 기업. 신설 기업 초기에 투자와 인맥, 자문을 제공.

2
LLM이 가져온 놀라운 변화

LLM, 이제는 일상이 된 기술

요즘 뉴스나 인터넷에서 ChatGPT, Gemini 같은 이름을 한 번쯤은 들어보셨을 겁니다. 이런 서비스들의 정체가 바로 LLM (Large Language Model, 대용량 언어 모델)입니다.

LLM이 우리 생활에 들어온 지 이제 몇 년이 지났지만, 아직 많은 분들이 "대체 이게 뭐하는 건지, 어떻게 활용할 수 있는 건지" 궁금해하십니다.

그래서 LLM이 무엇인지, 그리고 프로그래밍 분야에 어떤 변화를 가져왔는지 자세히 알아보겠습니다.

LLM이란 무엇인가?

LLM(Large Language Model)을 우리말로 번역하면 '대용량 언어 모델'입니다. 이름에서 알 수 있듯이 '언어'를 다루는 컴퓨터 프로그램입니다. (엄밀하게 말하면 전통적인 프로그램과는 다릅니다만, 이에 대해서는 일단 넘어가도록 하겠습니다.)

LLM을 이해하기 위해서는 먼저 '언어'의 특성을 생각해봐야 합니다. 우리가 사용하는 한국어에는 일정한 패턴이 있습니다.

한국어의 패턴 예시

- ✔ "안녕하세요?" 다음에는 보통 인사말이 이어집니다.
- ✔ "오늘 날씨가"라고 시작하면 날씨에 대한 평가가 따라옵니다.
- ✔ "저는 ○○를 좋아합니다."라는 문장에서 ○○ 자리에는 구체적인 대상이 들어갑니다.

LLM은 바로 이런 언어의 패턴을 찾아내고 학습하는 데 특화된 인공지능입니다. LLM은 인터넷상의 방대한 텍스트 데이터를 분석해서 언어가 어떻게 사용되는지 패턴을 익혔습니다.

여기서 중요한 점이 하나 있습니다. 프로그래밍 언어도 결국 '언어'라는 사실입니다.

Python, Java, C++ 같은 프로그래밍 언어들도 나름의 문법과 규칙을 가지고 있습니다. 우리가 사용하는 한국어, 영어 같은 자연어와 마찬가지로 일정한 패턴이 존재합니다.

📌 프로그래밍 언어의 패턴 예시

- ✔ 특정 키워드 다음에는 정해진 형식이 옵니다.
- ✔ 괄호, 콜론, 들여쓰기 등이 정해진 규칙에 따라 사용됩니다.
- ✔ 함수나 변수 이름도 일정한 규칙을 따릅니다.

LLM은 자연어 패턴을 학습한 것과 동일한 방식으로 프로그래밍 언어의 패턴도 이해할 수 있습니다. 그래서 프로그래밍 언어의 규칙에 따라 명령어를 올바르게 배열하고, 문법에 맞는 코드를 생성할 수 있는 것입니다.

대표적인 LLM 서비스

LLM은 각 서비스마다 고유한 특징과 강점이 있으므로, 여러 서비스를 경험해보고 필요에 가장 잘 맞는 것을 선택하는 것이 좋습니다.

① ChatGPT (OpenAI)

2022년 말에 등장해서 전 세계적인 AI 열풍을 일으킨 서비스입니다. 질문과 답변 형태로 자연스러운 대화가 가능하며, 다양한 주제에 대해 설명하고 도움을 줄 수 있습니다. 글자로 대화하는 것은 물론이고, 그림을 그리거나, 동영상도 만들 수 있으며, 음성 대화도 가능합니다.

② Claude (Anthropic)

ChatGPT의 강력한 경쟁자로, 특히 긴 문서를 이해하고 분석하는 데 뛰어난 능력을 보입니다. 안전하고 도움이 되는 AI를 지향한다는 철학을 가지고 있으며, 상당히 신중하고 정확한 답변을 제공하는 것으로 알려져 있습니다.

③ Grok (xAI)

일론 머스크가 설립한 xAI에서 개발한 AI로, 2023년에 등장했습니다. X(구 트위터)의 실시간 데이터를 활용하여 최신 정보에 접근할 수 있는 것이 가장 큰 특징입니다. 특히 현재 진행 중인 뉴스나 트렌드에 대해 빠르게 정보를 제공하는 데 강점을 보이며, 이미지 생성/편집, 코드 실행, 웹/X 검색 등 다양한 기능을 지원합니다.

④ Gemini (Google)

구글에서 개발한 LLM으로, 구글의 방대한 정보와 연결되어 최신 정보 제공에 강점을 가집니다. 특히 Gmail, Google Drive, Google Calendar 등 구글이 제공하는 다양한 서비스와 연계하여 사용할 수 있어, 업무나 일상 관리에 특히 유용합니다.

LLM 활용법: 일상에서 프로그래밍까지

LLM은 다양한 분야에서 활용할 수 있습니다:

① 일반적인 활용 분야

- 문서 작성 도움: 이메일, 보고서, 제안서 등의 초안 작성
- 번역 및 요약: 외국어 번역이나 긴 문서 요약
- 학습 지원: 어려운 개념 설명이나 문제 해결 과정 안내
- 창작 활동: 시, 소설, 시나리오 등의 창작 아이디어 제공
- 일상 상담: 여행 계획, 요리법, 생활 팁 등 다양한 조언

② 프로그래밍 분야에서의 특별한 가치

프로그래밍 분야에서 LLM의 활용은 특히 혁신적입니다. 프로그래밍에서 LLM을 활용하는 방법은 크게 두 가지가 있습니다:

방법 1: 웹 기반 직접 대화

ChatGPT나 Claude 웹사이트에 접속해서 프로그래밍 관련 질문을 직접 하는 방식입니다. LLM에 자연어로 요청하면 AI가 해당하는 코드를 생성해 줍니다.

방법 2: 개발 도구 통합

코드 편집기나 개발 환경에 LLM이 직접 통합된 도구를 사용하는 방식입니다. 우리가 이 책에서 사용할 커서(Cursor)가 바로 이런 도구입니다. 코드를 작성하면서 실시간으로 AI의 도움을 받을 수 있습니다.

바이브 코딩의 탄생

LLM이 가진 프로그래밍에서의 가치와 LLM의 놀라운 발전으로 인해 바이브 코딩(Vibe Coding)이라는 완전히 새로운 프로그래밍 방식이 탄생했습니다.

바이브 코딩은 다음과 같은 특징을 가집니다.

① **자연어 기반**: 복잡한 프로그래밍 문법 대신 일상 언어로 프로그램을 만듭니다.
② **직관적 개발**: 코드의 세부 사항에 대한 집중보다는 전체적인 느낌과 의도에 집중합니다.
③ **실시간 협업**: AI와 대화하듯 주고받으며 프로그램을 완성해갑니다.
④ **빠른 프로토타이핑**: 아이디어를 빠르게 구체화하여, 실제 동작하는 프로그램으로 만들 수 있습니다.

바이브 코딩은 프로그래밍 분야에 다음과 같은 혁신을 가져왔습니다.

① **민주화**: 프로그래밍 전문 지식이 없는 사람도 소프트웨어를 만들 수 있게 되었습니다

② 속도: 개발 속도가 획기적으로 빨라져 아이디어를 즉시 구현할 수 있습니다

③ 집중도: 기술적 구현보다는 문제 해결과 창의적 사고에 집중할 수 있습니다

④ 접근성: 코딩의 진입 장벽이 대폭 낮아졌습니다

바이브 코딩이 가능해진 것은 바로 LLM의 놀라운 발전 때문입니다. LLM이 프로그래밍 언어의 패턴을 완벽에 가깝게 이해하게 되면서, 자연어와 프로그래밍 언어 사이를 자유롭게 번역할 수 있게 되었기 때문입니다.

즉, 과거에는 어떤 아이디어를 실제 동작하는 코드로 만들려면 프로그래밍 언어 문법을 배우고, 관련 라이브러리를 찾아보고, 수백 혹은 수천 줄의 코드를 직접 작성해야 했습니다. 하지만 바이브 코딩에서는 필요한 문장을 입력하면, AI가 필요한 모든 코드를 생성합니다.

이런 마법 같은 일이 가능한 이유는 LLM이 수많은 프로그래밍 코드와 자연어 설명을 학습했기 때문입니다.

3
프로그래밍의 준비

이제 본격적으로 바이브 코딩의 여행을 시작할 준비를 해보겠습니다. 요리를 하기 전에 재료와 도구를 준비하듯이, 프로그래밍을 시작하기 전에도 몇 가지 준비물이 필요합니다.

참고로 이 책은 Windows 사용자를 대상으로 작성되었습니다. macOS나 Linux 사용자도 대부분 비슷한 과정으로 진행할 수 있지만, 구체적인 설명은 Windows 환경을 기준으로 합니다.

파이썬, 첫 번째 프로그래밍 언어

파이썬이란?

파이썬은 1991년 네덜란드의 귀도 반 로섬(Guido van Rossum)이라는 프로그래머가 만든 프로그래밍 언어입니다. 귀도는 프로그래밍을 더 쉽고 재미있게 만들고 싶어했습니다. 마치 레고 블록처럼 간단하고 직관적으로 조립할 수 있는 언어를 만들고 싶었던 것입니다.

파이썬(Python)은 많은 분들이 뱀을 떠올리시겠지만, 실제로는 영국의 코미디 그룹 '몬티 파이썬(Monty Python)'에서 이름을 따왔다고 합니다. 언어를 만든 귀도 반 로섬이 이 그룹의 팬이었다고 하지요. 재미있게도 지금은 파이썬의 공식 로고에 뱀이 그려져 있습니다.

파이썬은 지속적으로 발전하고 있으며, 2025년 11월 기준으로 파이썬 3.14가 최신 버전입니다. 그러나, 이 책에서는 3.11.9버전을 사용하여 프로그램을 진행하도록 하겠습니다.

왜 최신 버전(3.14)가 아니라 이전 버전(3.11)을 사용하나요?

이 질문은 파이썬을 처음 접하시는 분들이 많이 하시는 질문입니다. 당연합니다. 항상 새 버전이 더 좋아 보이고, 더 빠를 것 같으니까요.

그런데 파이썬처럼 다양한 외부 도구(라이브러리[4])와 함께 사용하는 언어는 무조건 최신이 정답이 아닙니다.

실제로 우리가 만들 프로그램은 파이썬 자체만으로 실행되는 경우가 거의 없습니다. 예를 들어, 인공지능 관련 기능을 만들 때는 TensorFlow, PyTorch, Numpy, Pandas 같은 라이브러리를 사용하게 됩니다. 이런 라이브러리들은 파이썬의 특정 버전에 맞게 제작되어 있습니다.

파이썬이 너무 새롭다면, 이 라이브러리들이 아직 준비되지 않은 경우도 있습니다. 즉, 최신 파이썬을 설치했더니 중요한 라이브러리가 설치되지 않거나, 에러가 나는 상황이 생깁니다. 그래서 우리는 충분히 검증을 마친 안정된 버전인 3.11을 선택하도록 하겠습니다.

프로그램 개발을 처음 시작하는 경우에는 이런 안정성이 무엇보다 중요합니다. 지금은 에러 없이 잘 작동하고, 다른 사람들이 겪은 문제들이 인터넷에 많이 공유된 버전이 가장 좋은 선택입니다. 최신 버전은 나중에 충분히 익숙해졌을 때 바꿔도 늦지 않습니다.

왜 바이브 코딩에 파이썬일까요?

바이브 코딩(Vibe Coding)은 AI와 대화하며 자연어로 프로그래밍 요구사항을 전달해서 코드를 생성하는 새로운 코딩 방식입니다.

이 책에서 파이썬을 선택한 이유는 다음과 같습니다.

4 다른 프로그램 제작에 사용하기 위해 미리 만들어진 프로그램의 집합

① AI가 파이썬을 잘 이해합니다.

파이썬이 AI / ML(머신러닝) 분야에서 널리 사용되고 있고, 많은 AI 도구들이 파이썬 코드 생성에 특화되어 있습니다.

② 자연어와 가장 비슷합니다.

파이썬은 영어와 비슷하게 읽힙니다.

예를 들어:

```
if age >=18:
  print("성인입니다.")
```

이 파이썬 코드는 마치 "만약 나이가 18 이상이면, '성인입니다.'라고 출력해"라고 쓰여진 것처럼 보입니다.

③ 초보자에게 친화적입니다.

파이썬은 처음 프로그래밍을 배우는 사람들을 위해 설계되었습니다. 복잡한 문법 규칙이 적고, 실수하기 쉬운 부분들을 미리 방지해줍니다.

④ 개발 속도가 빠릅니다.

제가 파이썬을 특히 좋아하는 이유이기도 합니다만, 파이썬은 간결한 문법 덕분에 다른 언어에 비해 더 빠르게 프로그램을 개발할 수 있습니다. 같은 기능을 구현할 때 파이썬은 Java나 C++ 등의 다른 언어들보다 훨씬 적은 코드로 더 빠르게 개발이 가능합니다.

⑤ 거대한 개발 생태계

파이썬은 pip(패키지 관리자)을 통해 수십만 개의 라이브러리를 쉽게 설치할 수 있습니다. 웹 개발, 데이터 분석, 인공지능, 자동화 등 거의 모든 분야의 도구들이 준비되어 있어서 원하는 기능 대부분을 아주 빠르게 구현할 수 있습니다.

⑥ 큰 커뮤니티와 풍부한 자료

전 세계에서 많이 사용하는 프로그래밍 언어라서, 막히는 부분이 있을 때 인터넷에서 도움을 쉽게 찾을 수 있습니다. (저는 사실 파이썬이 타의 추종을 불허한다고 생각합니다.)

■ 많이 사용되는 프로그래밍 언어 2025년 11월 기준

Nov 2025	Nov 2024	Change	Programming Language	Ratings	Change
1	1		Python	23.37%	+0.52%
2	4	^	C	9.68%	+0.67%
3	2	˅	C++	8.95%	-1.69%
4	3	˅	Java	8.54%	-1.06%
5	5		C#	7.65%	+2.67%
6	6		JavaScript	3.42%	-0.29%
7	9	^	Visual Basic	3.31%	+1.36%
8	11	^	Delphi/Object Pascal	2.06%	+0.58%
9	27	^^	Perl	1.84%	+1.16%
10	10		SQL	1.80%	-0.14%

<출처> https://www.tiobe.com/tiobe-index/

파이썬 설치하기

자, 그럼 이제 파이썬을 설치해봅시다.

1단계: 파이썬 공식 사이트 방문하기

먼저 인터넷 브라우저(크롬, 엣지, 사파리 등)를 열고 다음 주소로 이동하십시오.

https://www.python.org

2단계: 다운로드 하기

사이트의 메뉴에 'Download'가 있습니다. 마우스를 움직여서 하위메뉴 'Windows'를 클릭하여 이동하면, 화면과 같이 윈도우에서 다운로드 할 수 있는 버전들이 보입니다.

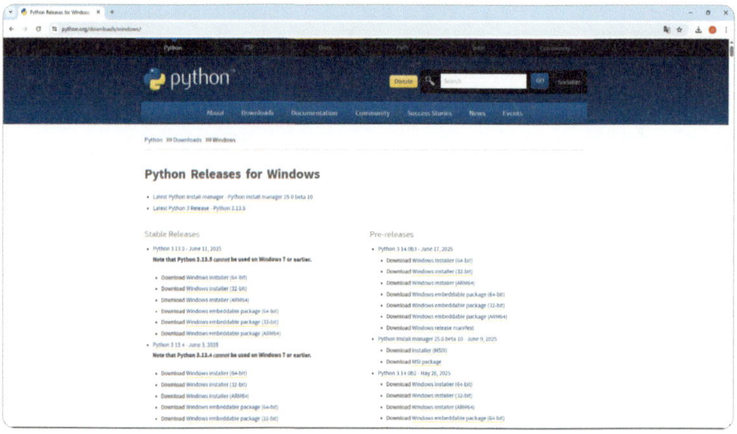

우리는 화면을 아래로 쭉 내려서, 3.11.9 버전을 다운로드 하겠습니다.

지금 사용하는 Windows가 64비트 운영체계인지, 32비트 운영체계인지에 따라 다운로드 받으시면 됩니다(개인 사용자는 64비트 운영체계를 사용하는게 일반적입니다). ARM64은 일반적인 PC에서 사용하는 CPU와 다른 ARM 아키텍처 기반의 CPU입니다. 마지막 3개는 임베디드 용도로 설치되는 버전이니 무시하셔도 됩니다.

저는 Windows 11(64비트 운영체제)를 사용하니, 맨 첫 번째 버전을 다운로드 하겠습니다. (탐색기에서 '내 PC'의 속성을 보면 어떤 운영체제를 사용하는지 알 수 있습니다.)

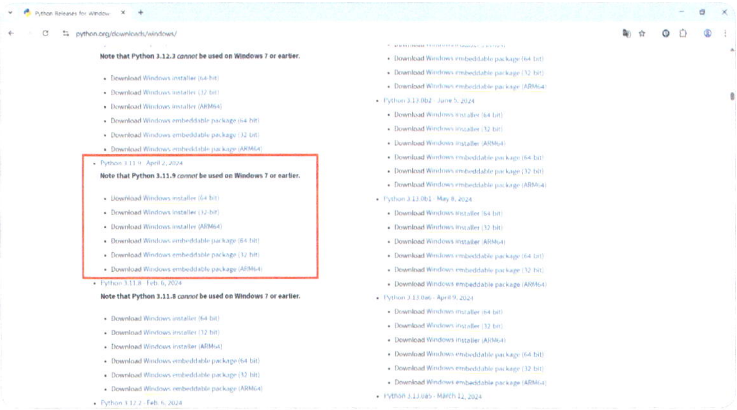

3단계: 설치하기

다운로드가 완료되면 파일을 더블클릭해서 실행하십시오.

❶ 설치 창이 뜨면 하단의 체크박스에서 'Add Python.exe to PATH' 체크박스를 체크하고, 'Install Now'를 클릭하십시오.

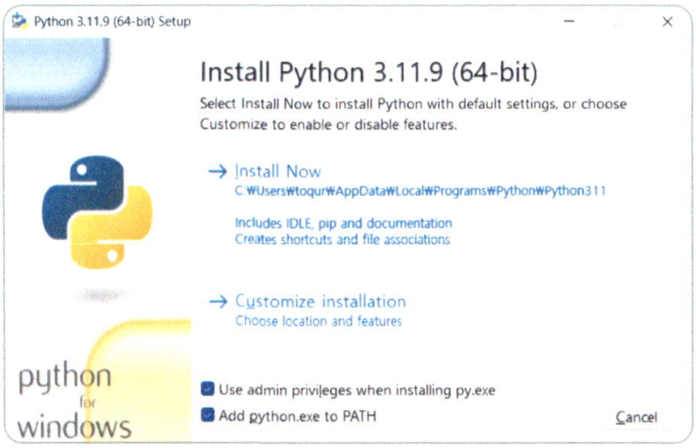

❷ 프로그램이 설치됩니다.

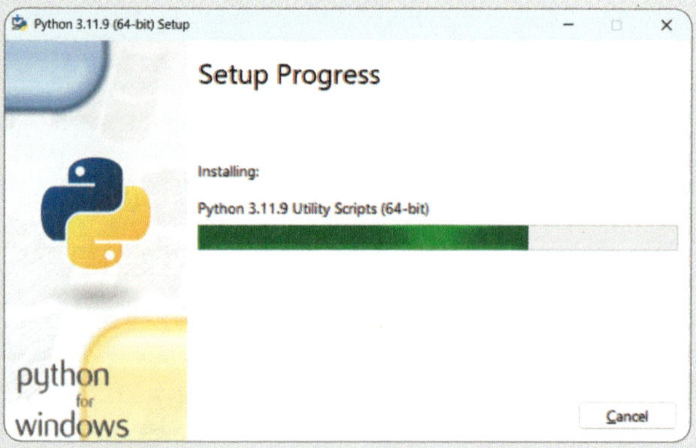

❸ 설치하는 마지막에 다음과 같은 화면이 나오는 경우가 있습니다.

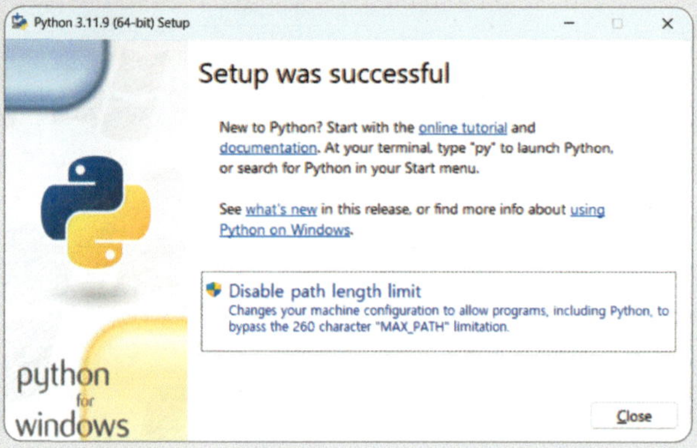

❹ Windows에서는 기본적으로 파일 경로 길이를 260으로 제한하고 있습니다. 이 제한을 초과하여 사용하기 위해서 비활성화(Disable path length limit)가 나올 때에는 반드시 버튼을 눌러 비활성화 하시기 바랍니다.

❺ 이제 설치가 마무리 되었습니다.

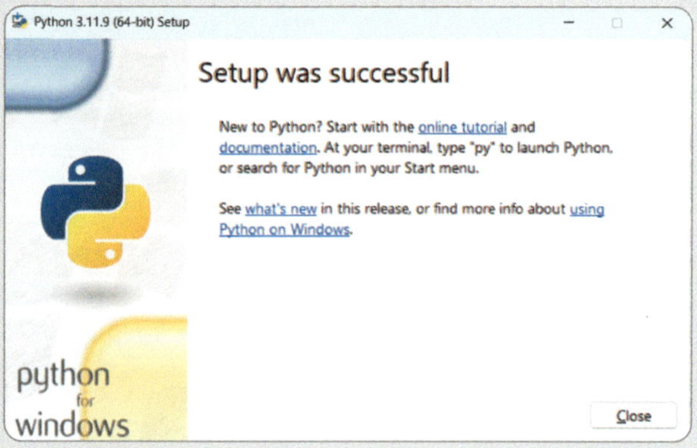

4단계: 설치 확인하기

설치가 잘 되었는지 확인해봅시다.

윈도우 키 + R을 누르십시오.

실행창이 나오면 'cmd'라고 입력하고 엔터를 누르십시오.

검은 창(명령 프롬프트)이 뜨면 'python —version'을 입력하고 엔터를 누르십시오.

정상적으로 설치가 완료되었다면, 'Python 3.11.9' 같은 메시지가 나타날 것입니다.

파이썬 프로그램 실행해보기

이제 파이썬이 설치되었으니, 간단한 프로그램을 실행해봅시다.

IDLE로 첫 프로그램 실행하기

파이썬을 설치하면 IDLE(Integrated Development and Learning Environment)이라는 프로그램도 함께 설치됩니다. 이것은 파이썬 코드를 작성하고 실행할 수 있는 기본 도구입니다.

시작 메뉴에서 'IDLE'을 검색해서 실행하십시오.

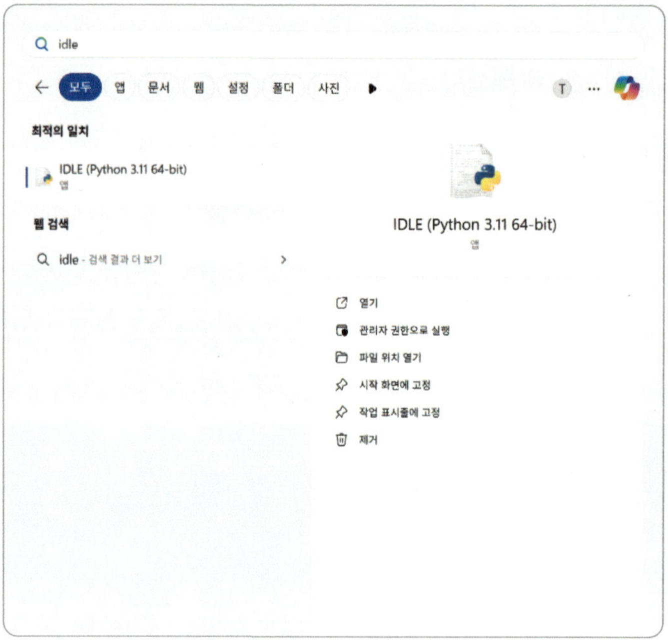

IDLE이 실행되면 >>>표시와 함께 커서가 깜빡이는 창이 나타납니다. 이곳에 다음과 같이 입력해보십시오:

print("안녕하세요? 바이브코딩을 시작해 볼까요?")

그리고 엔터를 누르십시오. 화면에 파란색으로 "안녕하세요? 바이브코딩을 시작해 볼까요?"이라는 메시지가 나타날 것입니다.

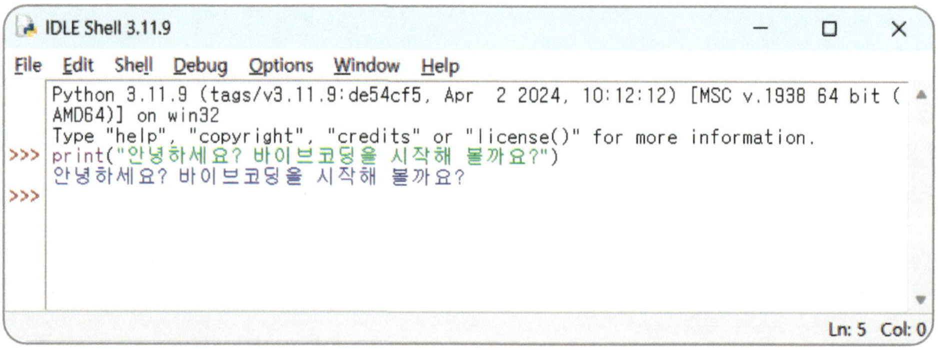

이것으로 첫 번째 파이썬 프로그램을 성공적으로 실행했습니다!

메모장으로 파이썬 파일 만들어보기

이제 조금 더 본격적인 방법으로 파이썬 프로그램을 만들어봅시다. 지금은 파이썬 프로그램을 실행하고, 그 안에서 '코딩' 하고 실행한 것입니다. 그러나, 프로그램이 커지면 이런식으로 코딩하기 대단히 어렵습니다. 앞에 입력한 코드의 수정도 어렵고, 길어지는 코드를 읽기도 어렵습니다. 그래서, 일반적으로는 에디터를 사용해서 코딩을 하고, 그 코드파일을 실행해서 결과를 보도록 프로그래밍합니다.

이번에는 Windows에 기본으로 설치되어 있는 메모장을 에디터로 사용해보겠습니다.

① Windows 키를 누르고 '메모장'을 검색해서 실행하십시오.
② 메모장이 열리면 다음 코드를 입력하십시오.

```
# 내 두 번째 파이썬 파일
name =input("당신의 이름을 입력하십시오: ")
print(f"안녕하세요, {name}님!")
print("파이썬 프로그래밍 세계에 오신 것을 환영합니다!")
```

③ 파일 → 다른 이름으로 저장을 클릭하십시오.
④ 파일 이름을 'hello.py'라고 입력하고, 파일 형식을 '모든 파일'로 변경한 후 저장하십시오. (**중요한 팁:** 파이썬 파일은 반드시 .py확장자로 저장해야 합니다.)

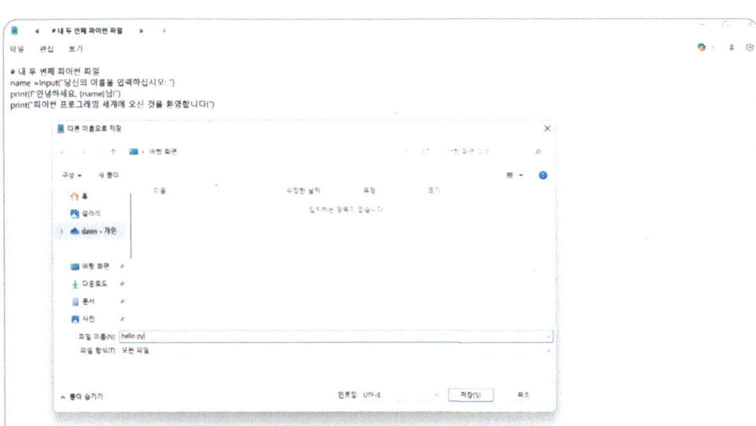

파이썬 파일 실행하기

이제 만든 파일을 실행해봅시다.

① 윈도우 키 + R을 누르고 "cmd"를 입력해서 명령 프롬프트를 열어주십시오.

② cd 명령어를 사용해서 파일을 저장한 폴더로 이동하십시오. 예를 들어 바탕화면에 저장했다면,

```
cd Desktop
```

을 입력하면 됩니다. 파일을 저장한 폴더로 이동했다면, 다음 명령어를 입력하십시오.

```
python hello.py
```

③ 프로그램이 실행되면, 이름을 입력하라고 할 것입니다. 여러분의 이름을 입력해 보십시오.

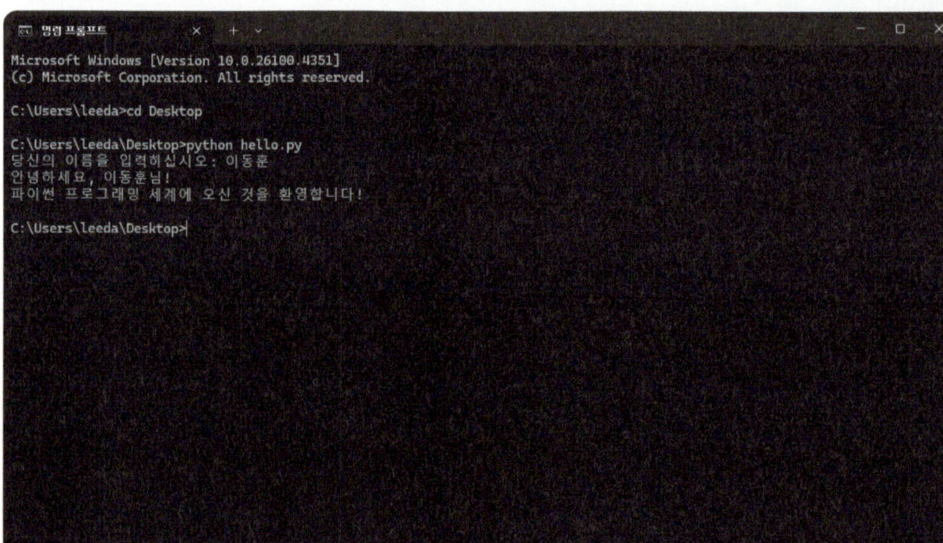

축하합니다! 메모장으로 파이썬 프로그램을 만들고 실행하는 데 성공했습니다. 이제 프로그래머의 첫 번째 발걸음을 떼었습니다.

Cursor, 우리의 바이브 코딩 파트너

메모장으로도 파이썬 프로그램을 만들 수 있지만, 더 편리하고 강력한 도구가 있습니다. 우리는 지금부터 그 중 하나인 Cursor를 이용해서 프로그래밍을 시작하도록 하겠습니다.

Cursor가 무엇입니까?

Cursor는 AI 기반 코드 에디터입니다. 쉽게 말해서 코드를 작성하는 전용 메모장인데, 일반 메모장과는 차원이 다릅니다.

일반 메모장에서는 글자를 입력하면 그냥 글자만 나타나지만, Cursor와 같은 현대적인 코드 에디터에서는

- ✔ 코드를 더 읽기 쉽게 색깔로 구분해서 표시해줍니다. (문법 강조)
- ✔ 오타를 찾아서 알려줍니다.
- ✔ 코드를 자동완성 해줍니다.

이런 기능들은 VS Code, PyCharm 등 대부분의 현대적인 코드 에디터가 기본으로 제공하는 기능입니다.

Cursor 설치하기

1단계: Cursor 공식 사이트 방문하기. 인터넷 브라우저에서 다음 주소로 이동하십시오.

https://cursor.com/

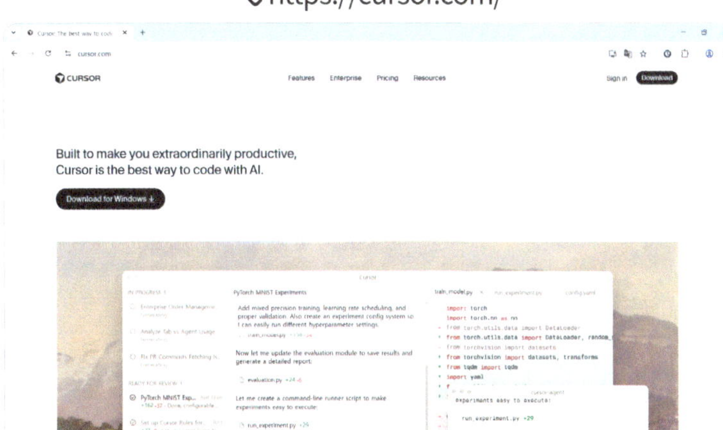

사이트가 군더더기 하나 없이 깔끔합니다.

2단계: 다운로드하기

메인 페이지에서 'Download for Windows' 버튼을 클릭하여 Windows용 Cursor 설치파일을 다운로드 하십시오.

3단계: 설치하기

다운로드가 완료되면 파일을 실행하십시오.

① 다운로드된 Cursor 설치파일(제가 받은 파일 이름은 CursorUserSetup-x64-2.0.34 입니다만, 버전에 따라 파일 이름이 다를 수 있습니다.)을 더블클릭 하십시오.

② 제일 처음에는 사용권 계약에 대한 동의 여부를 묻는 창이 나옵니다. 잘 읽어보고 동의합니다. 칸을 체크하고 다음 버튼을 누릅니다.

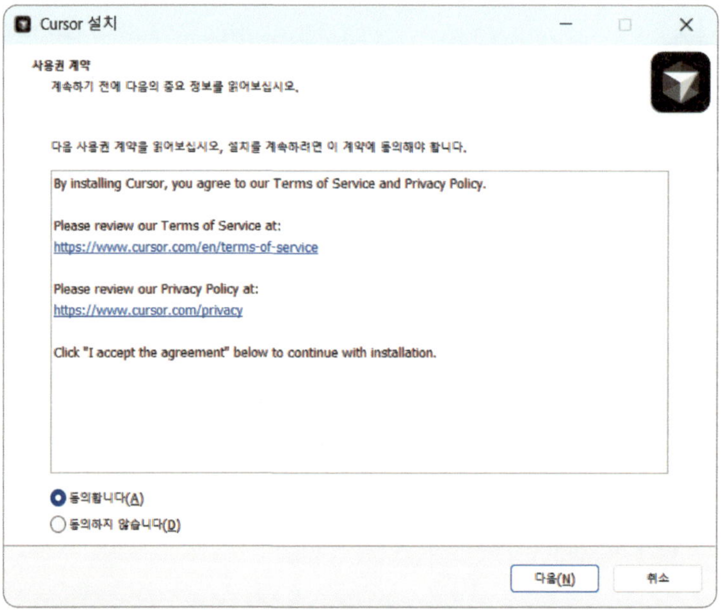

③ 설치 위치에 대한 창이 나옵니다. 원하는 위치를 선택하고 다음 버튼을 누릅니다.

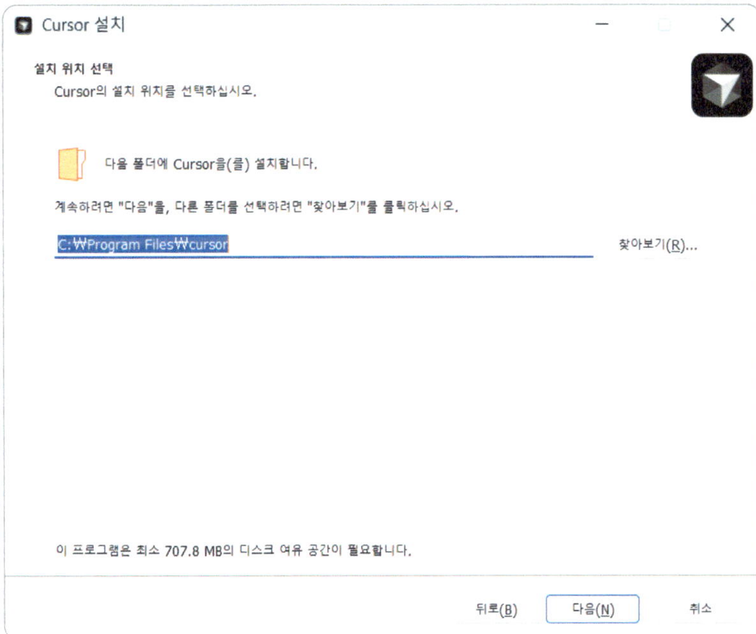

④ 프로그램 바로가기 위치를 정하고 다음 버튼을 누릅니다.

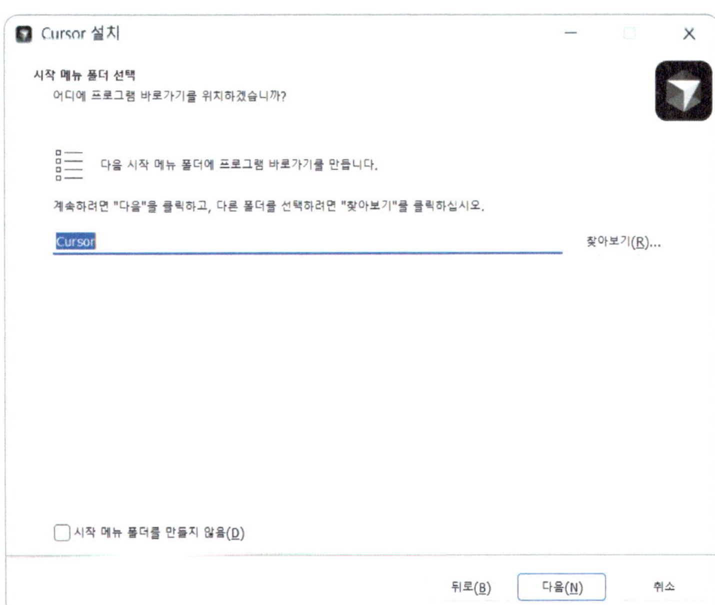

⑤ 바탕화면에 아이콘을 추가할지, Windows의 탐색기에 메뉴로 추가할지, 파일 형식에 대한 편집기로 등록할지, Path에 추가할지 등을 묻는 창이 나옵니다. 저는 그대로 두고 다음 버튼을 누르겠습니다.

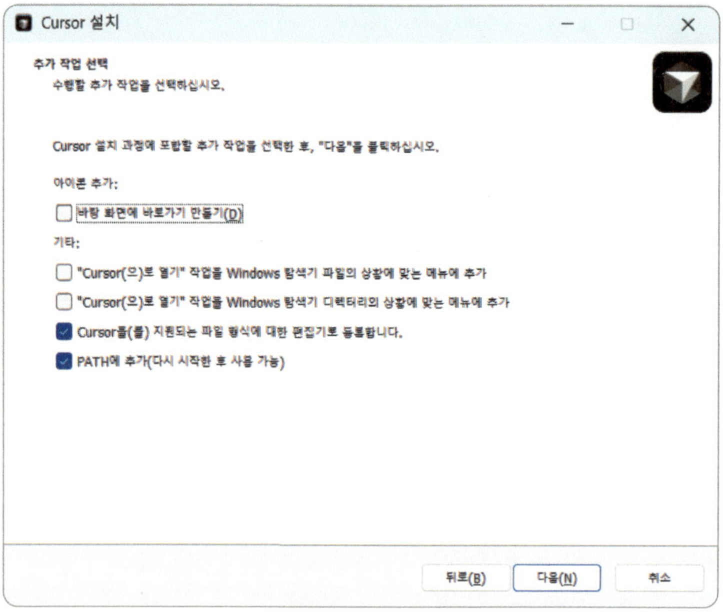

⑥ 이제 설치 준비가 완료되었습니다. 설치 버튼을 누릅니다.

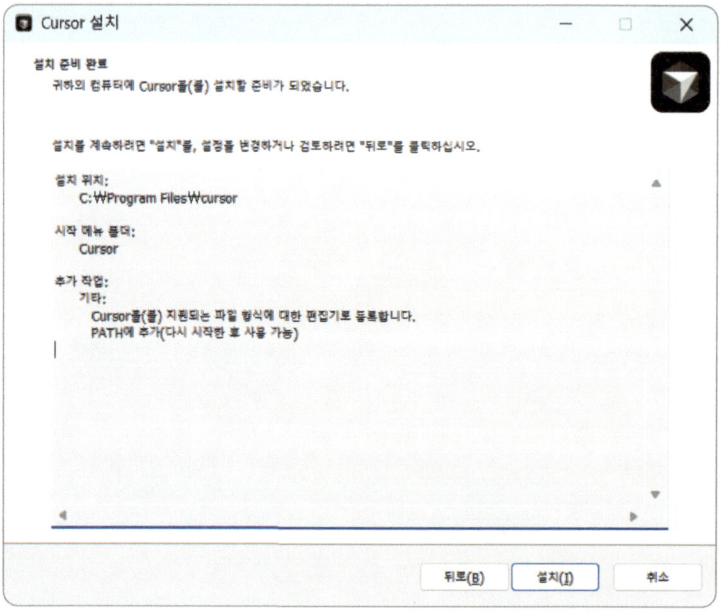

⑦ 설치 화면입니다.

Cursor 설치
설치 준비 중
귀하의 컴퓨터에 Cursor 설치를 준비하는 중입니다.
취소

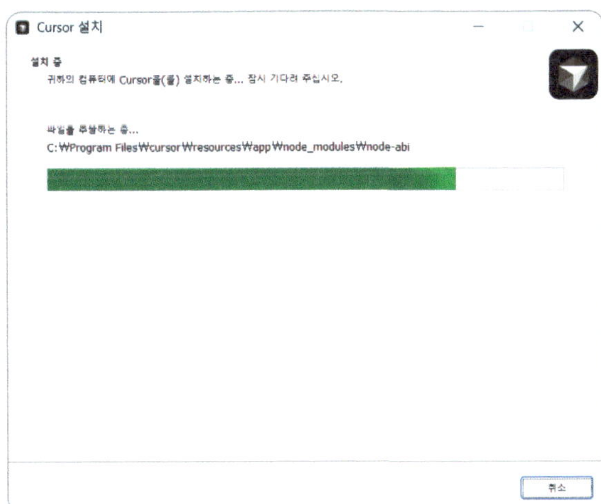
Cursor 설치
설치 중
귀하의 컴퓨터에 Cursor을(를) 설치하는 중... 잠시 기다려 주십시오.
파일을 추출하는 중...
C:₩Program Files₩cursor₩resources₩app₩node_modules₩node-abi
취소

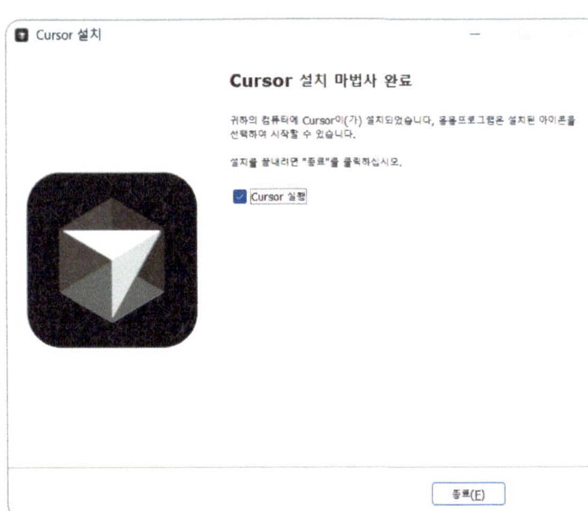
Cursor 설치
Cursor 설치 마법사 완료
귀하의 컴퓨터에 Cursor이(가) 설치되었습니다. 응용프로그램은 설치된 아이콘을 선택하여 시작할 수 있습니다.
설치를 끝내려면 "종료"를 클릭하십시오.
Cursor 실행
종료(F)

4단계: Cursor 실행하기

설치가 완료되면 Cursor를 실행해보십시오. (설치 완료후, 'Cursor 실행'이 체크된 상태에서 종료버튼 클릭 또는 프로그램 시작에서 'Cursor' 실행) 맨처음 실행에서는 몇 가지 단계가 있습니다.

① **가입하기** 처음 실행하면, 'Sign up', 'Log in'을 선택하게 되어 있습니다.

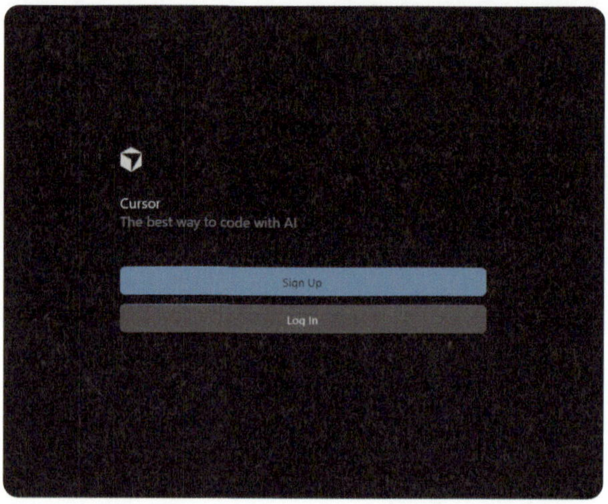

저는 'Sign up'을 클릭하여 가입하고 진행하겠습니다.

(구글 계정으로 가입할 수 있습니다.)

② 다음은 **초기 설정 화면**입니다.

첫 번째(Import from VS Code)는 VS(Visual Studio)를 이미 설치해서 사용하던 경우, 설정값과 테마, 단축키 등을 그대로 가져오기 위한 메뉴입니다. 우리는 초보자이니 그냥 두겠습니다.

두 번째(Keybindings)는 어떤 프로그램의 단축키를 사용하지 선택하는 메뉴입니다. 이 부분도 그냥 두겠습니다.

세 번째(Chat Language)는 어떤 언어도 Cursor 프로그램 안에서 AI와 채팅을 할지 결정하는 메뉴입니다. 저는 맨 아래에 있는 한국어(Korean)을 선택하겠습니다.

네 번째(Open Cursor from Terminal)는 터미널에서 Cursor를 실행시킬 수

있는 기능을 설치하기 위한 메뉴입니다. 이 부분도 그냥 두겠습니다. 개발자라면 Install 버튼을 눌러 설치하는 것을 권하겠지만, 초보자는 굳이 설치할 필요 없습니다.

결정했으면, Continue 버튼을 클릭해 다음 설정으로 넘어갑니다.

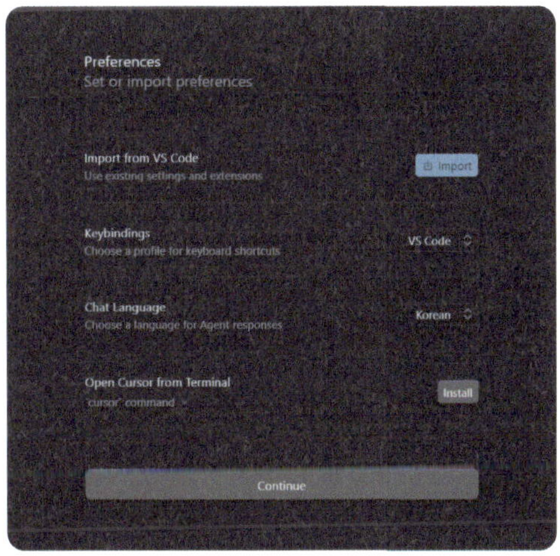

③ 다음은 **화면 배치와 테마(코딩 화면의 분위기)를 선택**하는 화면입니다.

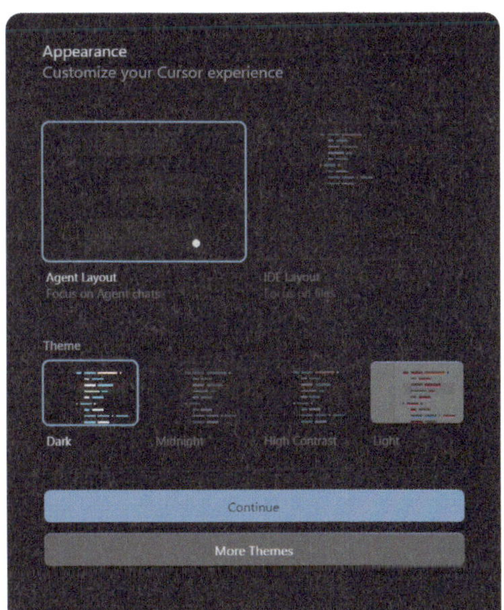

화면 배치는 AI와의 채팅창을 어느쪽에 배치하는 방식을 사용할지 결정하는 화면입니다. 저는 오른쪽에 배치하도록 하겠습니다.

두 번째의 테마는 사용자의 취향에 관한것입니다. 'Dark'(가장 무난합니다.), 'Midnight'(Dark보다 좀 더 짙고 약간 푸른빛이 보입니다.), 'High Contrast'(대비가 강해서 코드 구분은 명확하지만, 눈이 피로할 수 있습니다.) 'Light'(환한 테마입니다. 낮에 밝은 곳에서 작업할 때 좋습니다.)

저는 'Light'를 선택하겠습니다.

(여기서 설정하더라도, Cursor에서 설정을 변경[5]할 수 있습니다.)

테마를 'Light'로 바꾸었더니 화면이 바뀌었습니다.

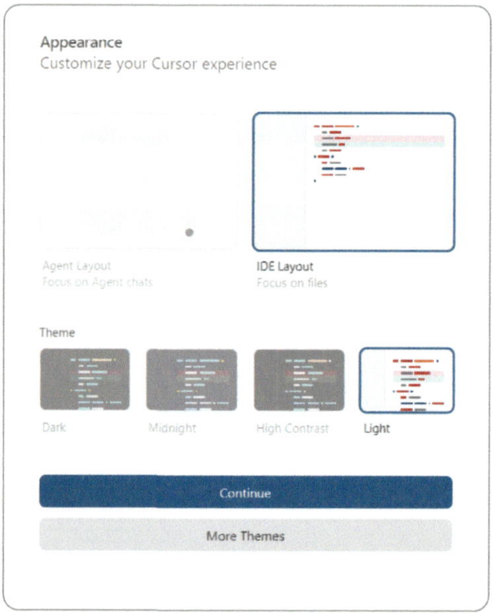

④ 다음은 **Cursor의 주요 기능에 대한 간단한 미니 튜토리얼**입니다.

첫 번째 화면은 'Tab'키의 사용에 대한것입니다. 프로그램을 편집기에서 만들다가 보면 편집기가 입력한 뒷부분을 예측해줍니다. 이때 Tab키를 누르면 코드를 바로 완성합니다. 이 기능은 요즘 사용되고 있는 프로그램 편집기에 대부분 포함된 기능입니다.

5 Ctrl + , (Ctrol 키와 , 키를 같이 누르면 됩니다.)를 통해 설정을 바꿀 수 있습니다.

두 번째 화면은 'Agent'에 대한 지시를 할 수 있다는 내용입니다. 코드를 선택하고 'Ctrl + I'(Ctrl 키와 I 키를 동시에 누릅니다.)를 통해 Agent에게 직접 수정, 생성을 지시할 수 있습니다.

세 번째 화면은 'Plan'으로 AI에게 복잡하고, 여러 단계가 필요한 작업을 시킬 때 사용하는 기능입니다. 'Agent'에서는 '간단한 일'을 직접 수행합니다만, 'Plan(Shift + Tab)'은 AI가 코드를 바로 수정하지 않고, '수행을 위해서는 이러이러한 절차가 필요합니다.'라고 묻고, 사용자가 동의하여야만 AI가 작업을 시작합니다.

네 번째 화면은 'Multi-Agent Layout'에 대한것입니다. Agent를 여러창에 동시에 띄워놓고, 작업을 할 때 사용하는 화면 배치 기능입니다. Cursor는 Agent를 한 개만 사용하던 방식에서 2.0부터 Agent를 여러개(최대 동시에 8개까지 가능) 실행 시킬 수 있도록 업그레이드되었습니다.

비교적 고급기능이라서 이런 게 있다는 정도만 알고 여기서는 넘어가도록 하겠습니다.

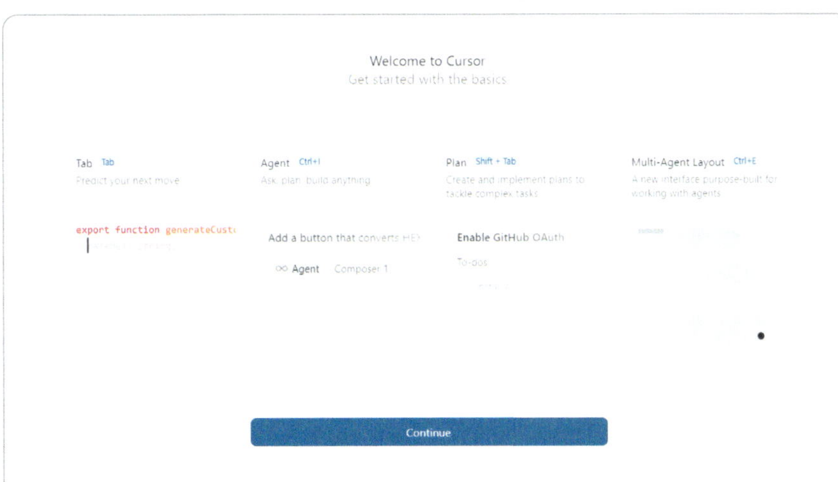

이제 Continue버튼을 눌러서 다음으로 넘어갑니다.

⑤ 드디어 **Cursor 첫 화면**이 나왔습니다.

Cursor의 기본 사용법

이제 Cursor의 기본적인 사용법을 알아봅시다.

기본 화면 구성

Cursor를 실행하면 나오는 첫 화면의 가운데 세 개의 버튼 중 하나를 골라서 본격적으로 Cursor를 시작할 수 있습니다.

우선, Cursor는 기본적으로 '폴더' 단위로 작업을 합니다. 쉽게 프로그램을 하나 만들려면 먼저 폴더를 하나 만들어서 그 폴더 안에서 프로그램을 만드는 작업을 하게 된다고 생각하시면 편합니다.

첫 번째 화면은 어떤 폴더(프로젝트)를 열어서 작업을 시작할 것인가에 대한 물음입니다.

먼저, 첫 번째 버튼은 'Open project'입니다. 이 버튼은 내 컴퓨터의 특정 폴더를 열겠다는 뜻이며, 메뉴의 File > Open Folder ... 와 같은 동작을 합니다. 우리는 이 버튼(혹은 메뉴)을 사용해서 프로그램을 만들 겁니다.

두 번째 버튼은 'Clone repo'입니다. 'repo'는 'Repository(저장소)'의 줄임말로, 일반적으로 GitHub에 있는 프로젝트를 의미합니다.

GitHub는 프로그래머들이 컴퓨터 프로그램(코드)를 공유하고 함께 만드는 온라인 공간입니다. 프로그램 코드를 안전하게 저장하고 실수로 지워도 이전 버전으로 돌릴수도 있고, 여러 사람이 팀프로젝트를 하거나, 공개 소프트웨어를 내려받아 사용할 수도 있습니다.

세 번째 버튼은 원격 접속 기능입니다. 지금 내 앞에 있는 컴퓨터가 아니라, 다른 곳에 있는 다른 컴퓨터에 접속해서 코딩할 때 사용합니다. 지금은 무시하셔도 됩니다.

다음은 오른쪽 위의 빨간 네모 부분을 살펴 보겠습니다.

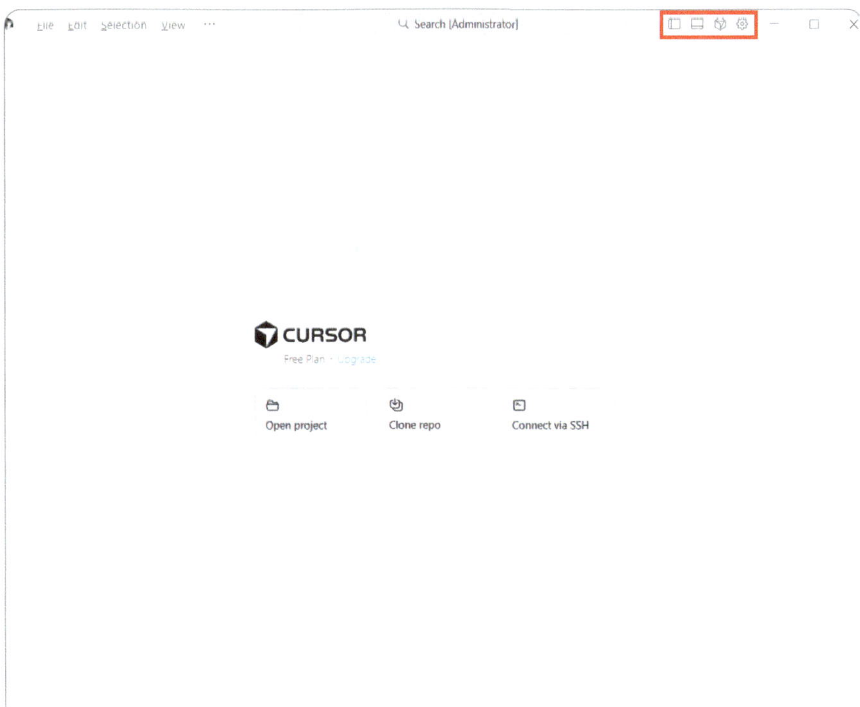

빨간색 네모 안의 버튼은 왼쪽부터 각각 사이드바 토글, 패널 토글, AI 토글, Cursor의 설정을 위한 버튼입니다.

사이드 바 토글 버튼을 클릭하면 왼쪽에 사이드바가 열리며, 폴더(프로젝트)의 파일이 보이고, 다른 파일로의 이동, 전체 파일 관리를 할 수 있습니다.

패널 토글 버튼을 클릭하면, 화면 아래에 프로그램의 문제(Problems), 출력(Output), 디버그 콘솔(Debug), 명령어 실행을 위한 터미널(Terminal), 포트(Ports) 등의 패널을 볼 수 있습니다.

AI 토글 버튼을 클릭하면, 화면 오른쪽에 AI와의 채팅을 위한 패널을 볼 수 있습니다.

다음 화면은 사이드 바, 패널, AI 패널이 모두 열린 모습입니다.

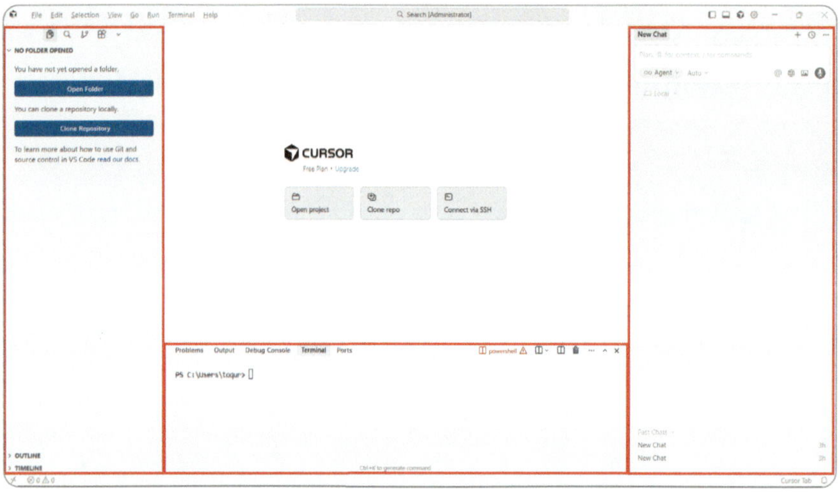

이제 뭔가 시작할 수 있을 것 같은 기분이 듭니다.

- **메뉴 바**: 사이드 바의 위쪽에 있으며 파일 열기, 저장하기 등의 기본 기능들이 있습니다.
- **사이드바**: 파일과 폴더를 관리할 수 있습니다.(화면 좌측 빨간 네모)
- **편집 영역**: 가운데 부분입니다. 코드 파일을 열면 가운데 창에 실제로 코드를 작성하는 곳이 만들어집니다.(화면에서 Cursor로고가 있는 부분)
- **터미널 패널**: 프로그램을 실행하는 등 명령어를 실행할 수 있는 곳입니다.(화면 가운데 아래의 빨간 네모)
- **채팅 패널**: AI와 대화할 수 있는 곳입니다.(화면 우측 빨간 네모)

메모장에서 만든 파일 불러오기

앞서 메모장으로 만들었던 hello.py 파일을 Cursor에서 열어보겠습니다.

① File → Open File을 클릭하십시오. (또는 Ctrl+O)

② 앞서 메모장으로 만든 'hello.py' 파일을 찾아서 선택하십시오

③ 파일이 Cursor에서 열립니다.

메모장에서는 그냥 검은 글씨로만 보였던 코드가 Cursor에서는 색깔별로 구분되어 보입니다. 이것이 바로 문법 강조 기능(Code highlight)입니다.

(화면에서는 사이드바와 채팅패널을 감추었습니다.)

파이썬 프로그램 실행하기

이제 Cursor에서 파이썬 프로그램을 실행해봅시다.

① **Cursor 하단에 있는 터미널을 찾아보십시오**. 만약 보이지 않는다면 View → Terminal을 클릭하십시오.(아니면 위쪽의 터미널 창 패널을 활용해도 됩니다.)

② **터미널에서 다음과 같이 입력하십시오**: python .\Desktop\hello.py

③ **엔터를 누르면 프로그램이 실행**되고 결과가 나타납니다.

Cursor는 Microsoft의 Visual Studio Code(이하 VS Code)를 기반으로 개발된 AI 코딩 에디터입니다. 따라서 VS Code의 확장 프로그램을 대부분 그대로 사용할 수 있으며, 예를 들어 Python 개발을 위해 필요한 확장 프로그램도 좌측 사이드바의 네 번째 버튼(네모 4개 아이콘)을 클릭하고 'Python'을 검색하여 설치하면 개발 환경 구성이 더 편리해집니다.

다만, 이 책에서는 확장 프로그램을 설치하지 않고 진행하겠습니다.

폴더 만들고 프로젝트 구성하기

일반적으로 프로그램을 개발할 때, 코드들을 하나의 폴더에 넣어 관리하고 1개의 프로젝트로 관리합니다.

앞으로 우리는 여러 개의 프로그램을 만들 예정이니, 바탕화면에 'Programming' 폴더를 만들고 이 폴더의 하위 폴더로 각각 프로그램을 만들면서 관리하도록 합시다.

이제 모든 준비가 끝났습니다. 다음 장에서 만들 프로그램이 기대되지 않습니까?

Hello
I'm VibeCoding

Let's talk, and make code together

Start coding with your voice!

Part. 02

첫 번째 프로그램

블록스

테트리스 스타일 블록게임

말로 코딩을 시작해보세요!

블록스를 만들어보자!

테트리스 스타일의 블록게임

첫 번째 프로그램을 향한 여정

드디어 첫 번째 프로그램을 만들 시간입니다!

테트리스는 1984년 러시아의 Alexey Leonidovich Pajitnov(알렉세이 파지트노프)가 만든 퍼즐게임입니다. 하늘에서 떨어지는 블록들을 회전시키고 배치해서 가로줄을 완성하는 게임이죠. 간단해 보이지만, 실제로 프로그래밍으로 구현하려면 상당히 복잡한 로직이 필요합니다. 블록의 움직임, 회전, 충돌감지, 줄 삭제 등 수많은 기능이 조화롭게 작동해야 합니다.

우리는 지금부터 **테트리스 스타일의 블록 게임**을 만들어 보도록 하겠습니다. 혹시 "그런 어려운 게임을 만든다고? 나 같은 초보자가?"라고 생각하고 계신가요? 걱정하지 마세요. 우리에게는 AI라는 강력한 동반자가 있습니다. 바이브 코딩을 통해 이 복잡한 게임을 실제로 만들어보겠습니다.

프로젝트 폴더 준비하기

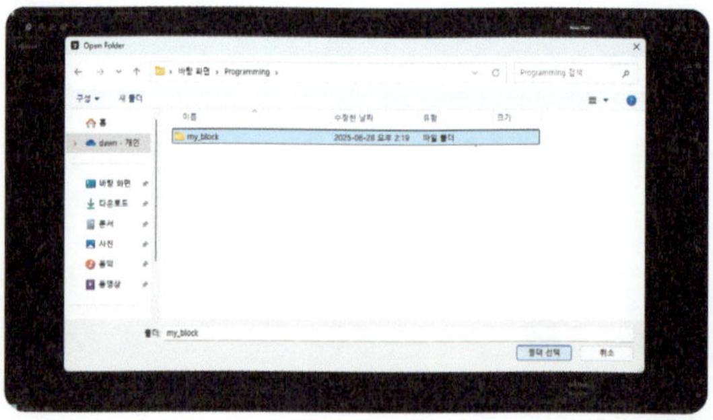

먼저 새 폴더를 만들어 보겠습니다. 우리는 앞서 실습을 위해 바탕화면에 'Programming' 폴더를 만들었습니다. 이번에는 그 폴더안에 'blocks'

라는 폴더를 만들고, Cursor에서 'File > Open Folder'를 선택해서 이 폴더를 열어주세요(폴더를 선택하고 '폴더선택' 버튼 클릭). 이제 블록 게임 개발 공간이 준비되었습니다.

AI와의 첫 대화: 프로그램을 만들어줘!

Cursor에서 Ctrl+L[6]을 눌러보세요. 화면 오른쪽에 채팅 창이 나타날 것입니다. 이곳이 바로 우리가 AI와 대화할 공간입니다.

이제 다음과 같이 입력해보세요.

"파이썬으로 블록스(테트리스 스타일의 블록게임)를 만들어줘."

⚠ 주의 '파이썬'을 언급하지 않으면, Cursor는 다른 언어로 프로그램을 만들기도 합니다. 이 책에서는 '파이썬'으로 프로그램을 만드는 것을 목적으로 하므로, 이후에도 '파이썬'으로 프로그램을 만들어 달라고 요청하도록 하겠습니다.)

채팅창을 조금 키우고 작업을 해 보도록 하겠습니다.

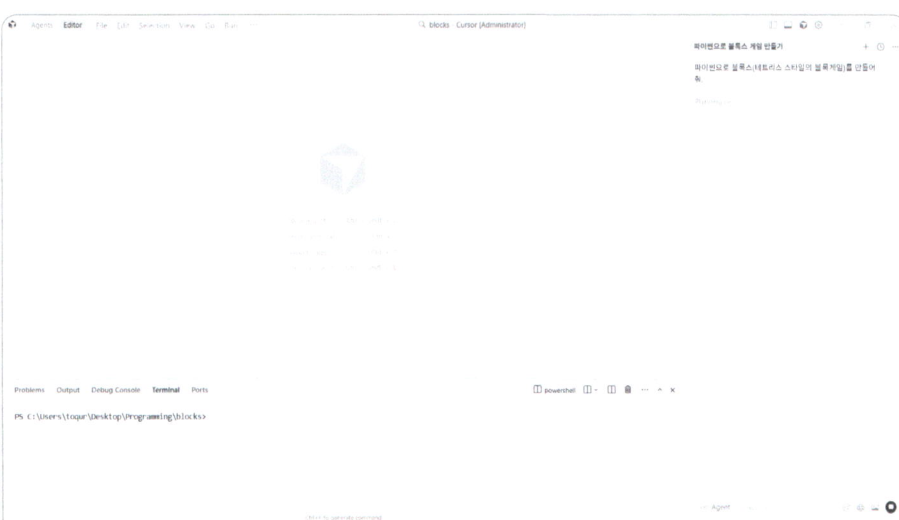

6 Ctrl+L은 채팅창을 여는 단축키입니다.

메시지를 입력하고 엔터키를 치면, Cursor가 뭔가 답변을 합니다.

채팅창을 조금 키우고 작업을 해 보도록 하겠습니다.

채팅창을 위로 올려보면, 맨 처음은 이렇게 되어 있습니다.

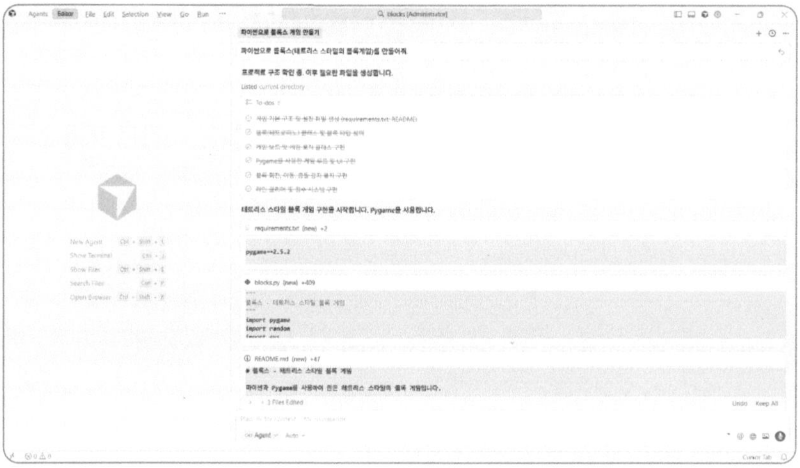

채팅창의 내용을 보면,

① 프로젝트 구조를 확인하고, 필요한 파일을 생성하겠다고 합니다.

② To-Do 리스트를 작성하고 하나씩 실행할 때마다 취소선으로 표시한 것으로 보입니다.

채팅창 화면을 내려보겠습니다.

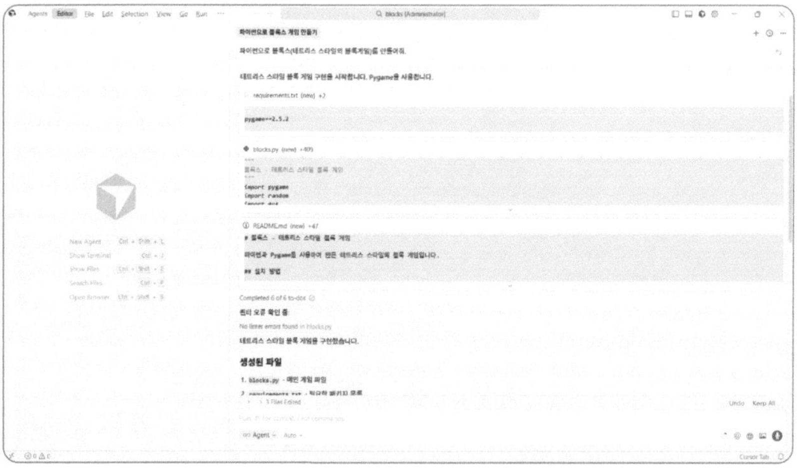

③ 블록 게임 구현을 시작하면서 pygame를 사용한다는 메시지가 나옵니다. 화면을 자세히 보면, 'requirements.txt', 'blocks.py', 'README.md'파일을 만든 것이 보입니다.

화면 아래쪽에는 '린터 오류 확인 중'이라는 메시지가 나오고, '테트리스 스타일 블록 게임을 구현했습니다.'라는 메시지가 나옵니다.

린터(Linter)는 코드용 맞춤법 및 문법 검사기입니다.
우리가 문서작업할 때 맞춤법이 틀리면 빨간 밑줄이 그려지는 것처럼, 린터는 프로그램 언어의 문법이나, 스타일 규칙 등이 어긋나는 부분을 찾아서 표시를 해 줍니다.
지금 화면에서는 코딩 작업이 모두 완료되자, AI가 '린터'를 실행해서 방금 자기가 만든 코드(blocks.py)를 검사하고 오류가 없음을 사용자에게 보고하고, 마무리한 상황입니다.

조금 더 아래로 내려보겠습니다.

④ 생성된 파일에 대한 설명이 있고(화면 위에서 이미 확인한 사항입니다), 게임 기능에 대한 설명이 나옵니다.

조금 더 아래를 보겠습니다.

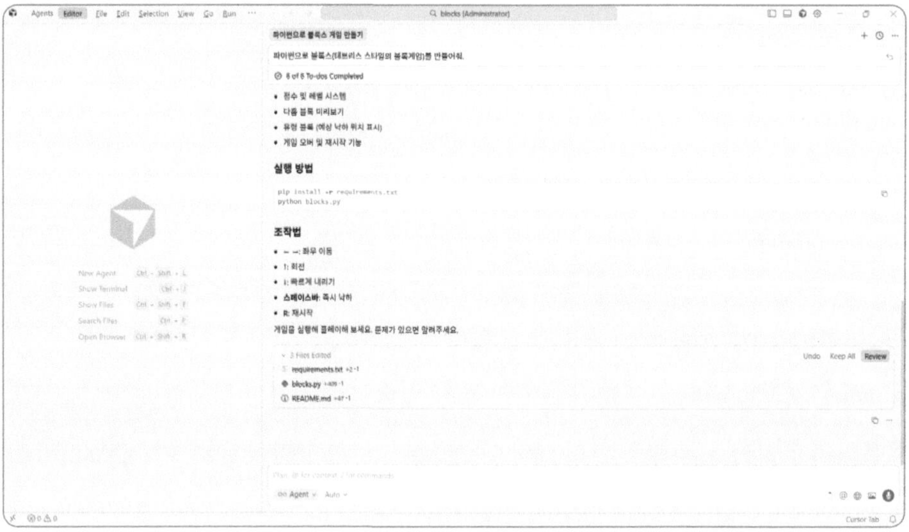

⑤ 실행방법에 대한 설명하고, 조작법에 대하여도 설명해줍니다. 맨 마지막에는 만들어진 3개 파일이 표시되어 있습니다.

오른쪽에 'Undo', 'Keep All', 'Review'가 보이시나요?
이 버튼은 지금까지 Cursor가 작업한 사항에 관해 결정하는 버튼입니다.
'Undo'는 Cursor의 작업을 모두 취소하는 버튼입니다. 지금 만든 3가지 파일을 모두 지우게 됩니다.
'Keep All'은 무조건 '승인'하는 버튼입니다. 저는 주로 이 버튼을 사용합니다. 대부분은, 제가 검토할 필요가 없거든요.
'Review'는 무슨 변화가 있는지 하나씩 직접 확인하기 위한 버튼입니다. '직접 세부내용 검토' 정도의 의미가 있겠네요.
이 버튼을 클릭하면, 다음과 같은 화면이 나타납니다.

왼쪽에 편집창이 나타니고, 연한 초록색으로 표시된 화면이 나옵니다.

'Review'버튼을 누르면, 이렇게 AI가 어떤 부분을 고쳤는지 표시해줍니다. 이번에는 파일을 직접 만들었기 때문에, 이전 파일이 없어서 모두 초록색으로 표시되었는데, 짐작하셨겠지만, Cursor가 추가한 부분입니다.

만일, 지시에 따라 기존의 파일을 수정했다면, 삭제한 부분은 빨간색으로 표시됩니다. (이 부분은 책 뒷부분에서 다시 한번 확인하겠습니다.)

우리가 프로그램을 만든 컴퓨터 언어, 파이썬에 대해서 잘 알고 있다면, 이 파일을 꼼꼼히 확인하는 것도 좋은 공부가 될 것 같습니다.

하지만, 저는 편집창의 오른쪽 위에서 'Keep All' 버튼을 클릭하고 넘어가도록 하겠습니다.

채팅창을 좀 줄이고 편집창을 좀 크게 해 보겠습니다.

편집창 맨 위부터 'requirements.txt', 'blocks.py', 'README.md'파일이 왼쪽에는 행번호와 함께 보입니다.

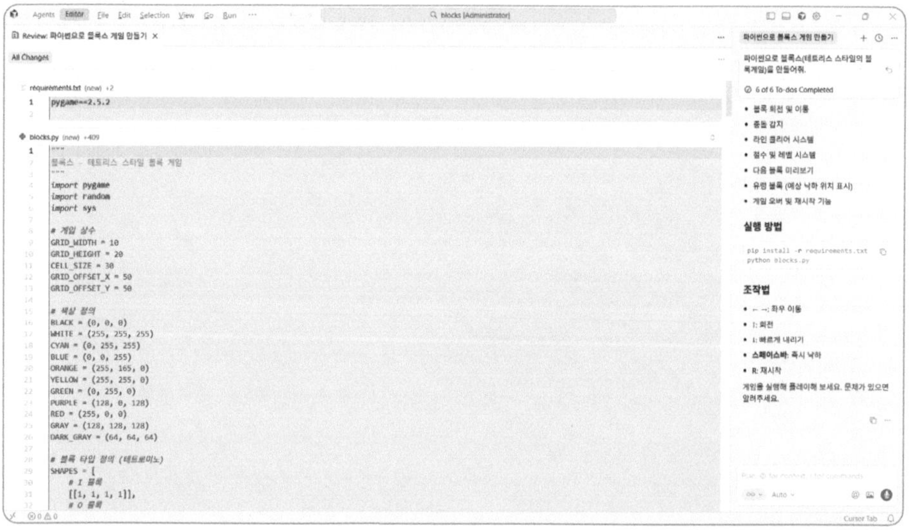

저는 이 화면에서 왼쪽의 사이드 바를 열어보겠습니다. (오른쪽 위쪽에 있는 사이드 바 토글 버튼을 클릭하거나, 메뉴에서 View > Appearance > Primary Side Bar를 선택하거나, Ctrl + B - 키보드에서 Ctrl 키와 'B'키를 같이 누름)

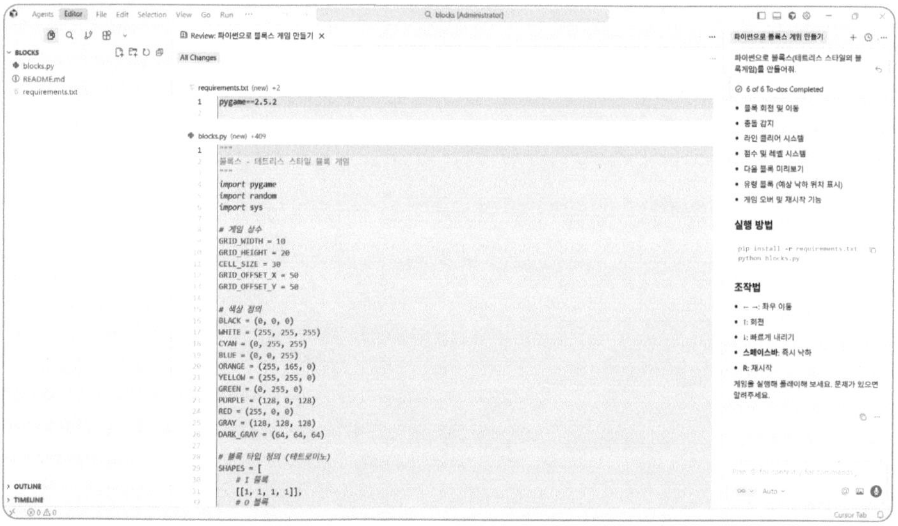

왼쪽 화면을 보면, 3개의 파일을 볼 수 있습니다.

사이드 바 맨 위의, 'blocks.py'파일을 클릭해 보겠습니다.

(Review화면은 제목 옆의 'x'버튼을 클릭하여 닫으셔도 됩니다.)

이 blocks.py 파일이 프로그램 소스파일입니다.

일반적으로 프로그래머는 이런 코드를 만들고, 이 코드를 실행해서 프로그램을 동작시킵니다.

자 그럼, 이제 실행을 해보겠습니다.

채팅창을 보면, '실행 방법'에 'pip install –r requirements.txt'가 보이고, 그 아래에는 'python blocks.py'가 보입니다.

여기서 잠깐만, Cursor의 지시를 따르지 않고 프로그램을 실행해보면 어떻게 될까요?

hello.py의 실행했던 기억을 되살려 보면, 'python blocks.py'가 프로그램을 실행하는 명령어로 보입니다.

우선, 터미널 창을 열어, 명령어를 입력해 보겠습니다.

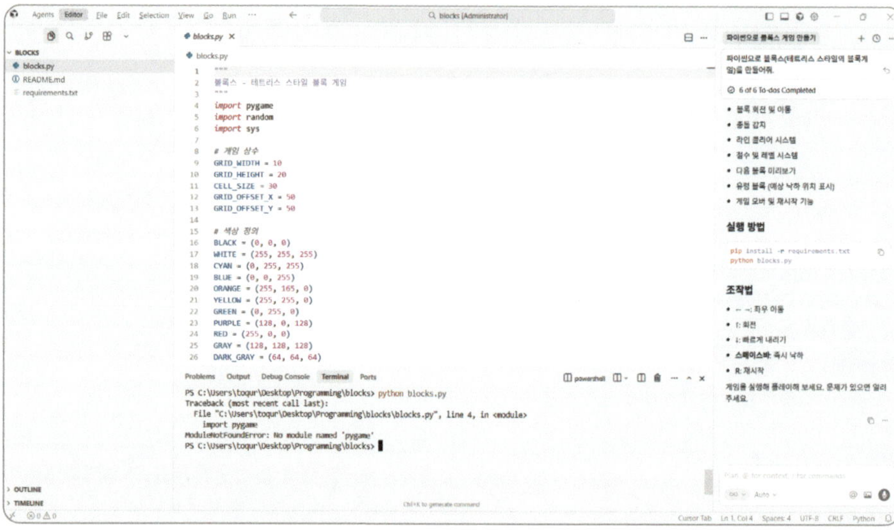

뭐라고 메시지가 나오는데, 우리가 기대한 게임이 아닙니다.

터미널 창을 확인해 보겠습니다.

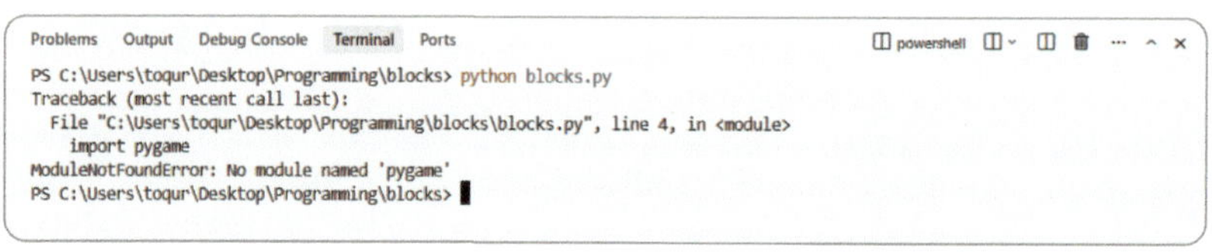

```
PS C:\Users\toqur\Desktop\Programming\blocks> python blocks.py
Traceback (most recent call last):
  File "C:\Users\toqur\Desktop\Programming\blocks\blocks.py", line 4, in <module>
    import pygame
ModuleNotFoundError: No module named 'pygame'
PS C:\Users\toqur\Desktop\Programming\blocks>
```

이 창을 보면, 우리가 입력한 'python blocks.py' 다음 줄부터 다음 명령 프롬프트*의 바로 위까지 출력된 정보는 에러 정보입니다.

* 이 화면에서는 "PS C:\Users\toqur\Desktop\Programming\blocks>"입니다.

축하합니다! 여러분은 프로그램을 개발하면서 첫 번째 에러를 만나셨습니다. 저는 이 에러 메시지가 어떤 내용인지는 다루지 않겠습니다. 대신 해당 부분을 복사(마우스로 해당 부분을 선택해서 오른쪽 버튼을 클릭)해서, 채팅창에 붙이고 물어보겠습니다. (마우스로 해당 부분을 선택하면, 선택한 오른쪽 위에 'Add to Chat Ctrl+L'이라는 메시지가 나타납니다. 따라서, 선택한 다음 이 부분을 클릭하거나, Ctrl+L을 눌러도 됩니다.)

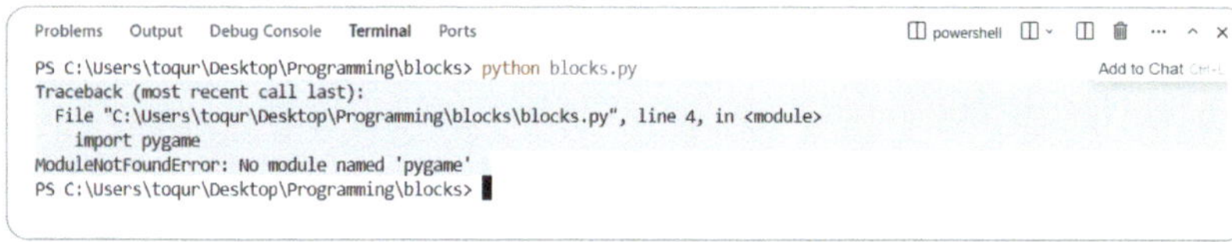

✔ **Ctrl+L**은 채팅창을 여는 단축키입니다. 참고로 코드를 선택한 다음 Ctrl+L을 누르면, 코드가 복사되어서 채팅창에 자동으로 붙습니다.

✔ **Ctrl+K**는 코드를 선택한 다음 누르면, 간이 채팅창이 열려서, 코드 편집 요청을 할 수 있습니다. 코드 선택 없이 누르면, 새로운 코드 생성용 간이 채팅창이 열립니다.

그리고, 채팅창에 물어봅니다.

"프로그램을 실행하니, 이런 에러가 나는데 수정해줘"

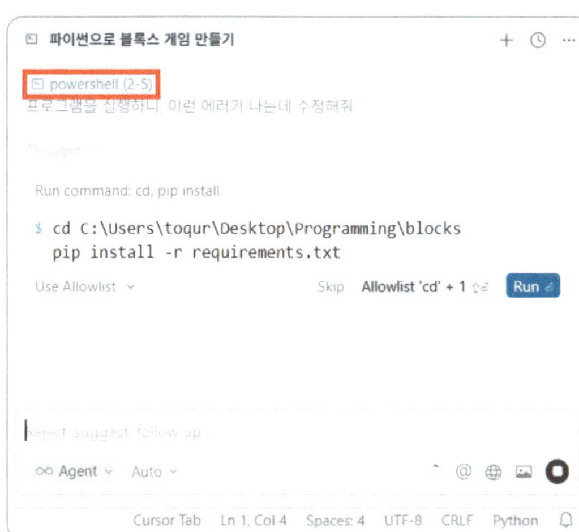

채팅창을 보면, Ctrl+L을 통해서 마우스로 선택한 부분이 자동으로 채팅창에 추가된 것(빨간 네모)을 보실 수 있습니다. 저는 이를 통해 에러 메시지를 바로 채팅창으로 전달하고, 수정을 요구했습니다. (물론, 지금의 에러는 채팅창의 지시를 따르지 않고 일부러 발생시킨 에러 메시지입니다. 다만, 앞으로 발생할 모든 에러에 대하여 이런 식으로 채팅창에 전달하고 수정을 요구하면 된다는 것을 보여드리고 싶었습니다.)

채팅창을 보면, Cursor가 해결 방법을 제시하고 있습니다.기억하시겠지만, 현재의 에러는 우리가 'pip install –r requirements.txt'를 실행하지 않았기 때문에 발생한 에러입니다. 이 에러의 메시지를 Cursor에게 전달하니까, Cursor는 바로 해결할 방법을 보여주고 있고, 채팅창의 내용을 콘솔창에 하나씩 입력할 필요없이, 오른쪽 아래에 있는 'Run'버튼을 클릭하도록 유도하고 있습니다.

(책에는 표시 되지 않지만, Cursor에서는 이 해결책을 알려주는 창의 테두리가 계속 깜빡거립니다.)

자! 해결방법을 실행해봅시다.

'Run'버튼을 클릭하겠습니다.

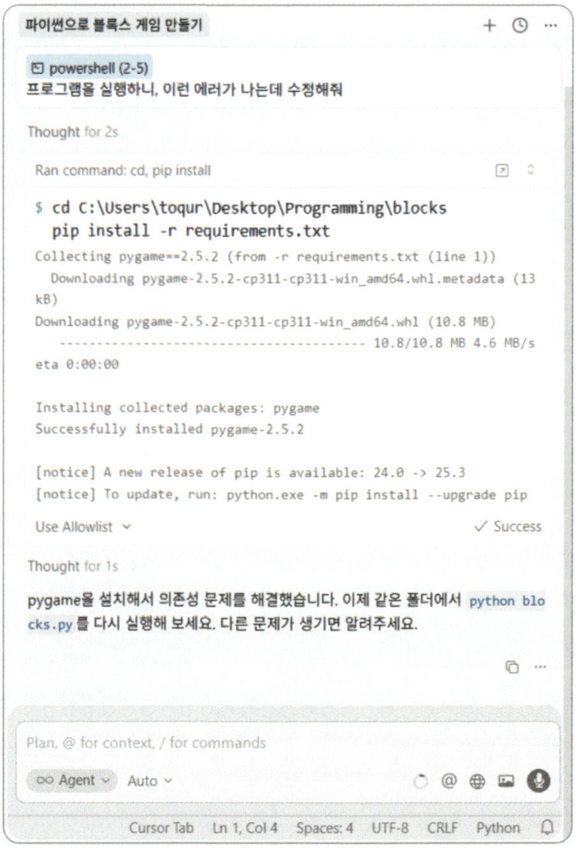

Cursor가 채팅창에서 직접 "pip install –r requirements.txt"를 실행하고, 문제를 해결했다고 메시지로 알려주면서, 다시 한번 실행해 보라고 합니다.

"pip install –r requirements.txt" 명령어는 'requirements.txt'의 파일을 열어서, 파일에 적힌 모든 패키지를 설치하라는 뜻입니다.'pip'는 파이썬의 패키지 관리 프로그램입니다. 온라인으로 패키지를 찾아서 현재의 파이썬 환경에 설치하는 역할을 합니다.

결과 화면을 보니, 'pygame 라이브러리 버전 2.5.2'를 성공적으로 설치하였습니다.

('requirements.txt' 파일을 열어보시면, 'pygame==2.5.2'라는 내용만 있습니다. 이는 pygame의 2.5.2 버전을 사용하라는 의미입니다.)

pygame은 파이썬으로 게임을 만들 수 있도록 도와주는 라이브러리입니다. 그림을 띄우고, 소리를 나오게 하고, 키보드와 마우스를 통해 입력을 받아 상호작용을 할 수 있는 프로그램을 만들 수 있도록 도와줍니다.

문제가 해결되었다고 하니, 다시 콘솔창에서 실행해 보도록 하겠습니다.

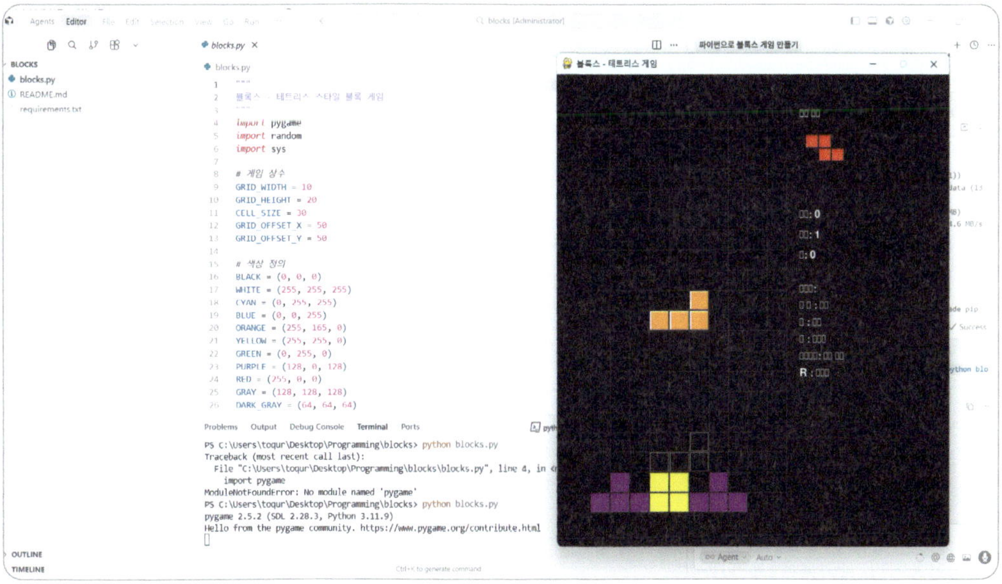

터미널에서 'python blocks.py'를 입력하니, 이제는 우리가 만든 블록스 게임이 잘 실행됩니다. (저는 콘솔을 보기 위해 블록스 게임을 옆으로 약간 옮겼습니다.)

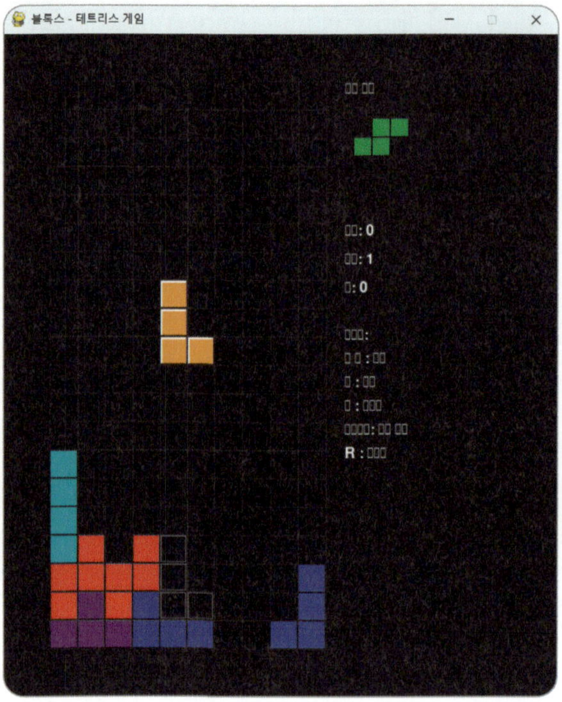

놀랍지 않습니까? 우리는 복잡한 프로그래밍 용어나 코드 구조를 전혀 모르지만, 우리가 평소에 사용하던 일상 언어로 우리가 원하는 것을 설명했습니다.

Cursor는 이 요청을 이해하고 완전한 게임 코드를 작성한 것입니다. 물론, 한글이 제대로 표시되지 않고 있으며, 화면 배치도 세련되지 않습니다.

> 한 가지 중요한 점을 미리 말씀드립니다.
> 여러분이 책의 예시와 동일하게 실습하더라도, 저와 완전히 똑같은 결과를 얻지 못할 수도 있습니다.
> Cursor AI Editor가 사용하는 LLM(Claude, ChatGPT 등)은 다음에 올 단어를 확률적으로 선택하는 방식으로 작동합니다. 이 '무작위성' 때문에 같은 질문을 해도 매번 다른 표현이나 코드 구조를 제안할 수 있습니다. 이는 오류가 아니라, 더 창의적이고 유연한 답변을 만들기 위한 LLM의 고유한 특성입니다.

하지만, 우리의 요청-“파이썬으로 블록스(테트리스 스타일의 블록게임)를 만들어 줘”-에 응답을 하면서 몇 개의 파일과 함께 수백 줄의 코드를 자동으로 작성한 것입니다. 다시 말해서, 몇 분 전까지만 해도 프로그래밍에 대해 아무것도 몰랐던 여러분이 이제 완전히 작동하는 게임을 만들어냈습니다.

자 그럼, 우리가 처음 생각했던 그 ‘테트리스 스타일의 블록게임’이 맞는지 확인해 봐야 합니다. 어떻게 확인할까요?

직접 해 보면 됩니다.

☑ 블록스 테스트 항목

1. 게임 핵심 기능

테트리스의 기본 게임 메커니즘과 필수 동작을 확인하는 항목

1-1. 한 줄 채워질 때 지워짐 확인
가로 한 줄이 블록으로 채워지면 즉시 지워지고 위 블록이 내려오는지 확인

1-2. 모든 블록 출력 확인
7가지 테트로미노(I, O, T, S, Z, J, L)가 정상적으로 생성되고 표시되는지 확인

1-3. 키 입력에 따른 블록 회전 및 이동 확인
좌/우 이동, 하강, 회전, 더 빠르게 떨어지기가 키 입력에 따라 정확히 작동하는지 확인

1-4. 게임 오버 조건의 정상 작동 확인
블록이 화면 상단에 도달하거나 쌓일 공간이 없을 때 게임 오버가 되는지 확인

1-5. 점수 계산 및 표시의 정확성 확인
리인 제거(1줄, 2줄, 3줄, 4줄)에 따라 점수가 올바르게 계산되고 표시되는지 확인

2. 세부 기능

게임의 세부 메커니즘과 보조 기능을 점검하는 항목입니다.

2-1. 블록 충돌 감지의 정확성 확인

블록이 벽, 바닥, 다른 블록과 충돌 시 정확히 멈추는지 확인

2-2. 랜덤 블록 생성의 공정성 확인

블록 생성이 무작위로 이루어지며 특정 블록이 과다/누락되지 않는지 확인

2-3. 다음 블록 미리보기 기능의 동작 확인

다음 블록이 미리보기 창에 정확히 표시되고 실제 생성 블록과 일치하는지 확인

2-4. 난이도와 블록 하강 속도의 조절 확인

레벨 증가에 따라 블록 하강 속도가 적절히 빨라지고 난이도가 조절되는지 확인

3. 안정성

게임의 안정성과 신뢰성을 보장하는 항목

3-1. 게임 루프의 안정성 확인

블록 생성, 이동, 충돌, 라인 제거, 점수 업데이트의 전체 흐름이 끊김 없이 작동하는지 확인

3-2. 입력 반응성 및 지연 테스트

키보드/터치 입력이 즉각 반응하고 지연이나 입력 무시가 없는지 확인

3-3. 성능 및 메모리 사용량 확인

장시간 플레이 시 느려지거나, 메모리 누수, 성능 저하가 없는지 확인

4. 품질 관련

사용자 경험과 게임의 전반적인 품질을 평가하는 항목

4-1. 화면 구성의 정확성 확인

게임 보드, UI 요소(점수, 다음 블록 미리보기 등)가 올바르게 표시되는지 확인

4-2. 다양한 해상도 및 디바이스 호환성 확인

PC, 모바일 등 사용자가 원하는 해상도에서 UI와 게임이 깨지지 않고 정상 작동하는지 확인

4-3. 그래픽 렌더링 품질 확인
블록 색상, 텍스처, UI 요소가 깜빡임 없이 일관되게 렌더링되는지 확인

4-4. 사용자 피드백 및 조작감 확인
조작감, 난이도, UI/UX가 직관적이고 만족스러운지 평가

만약, 이 프로그램을 상용화할 생각이라면, 조금 더 많은 테스트 항목이 필요할 겁니다.

그러나, 일단 이번에는 이정도에서 만족하고 마무리하도록 하지요. 우리의 목표는 '블록스'를 만들겠다가 아니었으니까요.

놀라운 결과를 만들어낸 비밀

우리는 그저 한 줄로 간단히 말했는데, 어떻게 이렇게 완벽한 기능의 게임을 만들어낼 수 있었을까요? 사실 여기에는 몇 가지 흥미로운 이유가 있습니다.

첫째, 테트리스는 이미 잘 알려진 게임이기 때문에 AI가 게임의 규칙과 구조를 정확히 이해하고 있습니다.

둘째, 파이썬으로 블록게임을 구현하는 것은 프로그래밍 교육에서 자주 사용되는 예제이므로, AI가 학습한 데이터에 많은 참고 자료가 있었을 것입니다.

하지만 여기서 중요한 점은 우리가 구체적이고 명확한 요구사항을 제시하지 않았다는 것입니다. 다시 말해서, 여러분들은 언제까지나 블록 게임만을 만들고 싶어 하는 게 아닐 거라면 지금처럼 단 한 줄로 모든 것을 완벽하게 마무리하는 경우는 대단히 드물 겁니다.

만약 여러분이 완전히 새로운 아이디어나 더 복잡한 기능을 원한다면 어떻게 될까요? 이 이야기는 다음 장에서는 해 보도록 하고 지금은 이 블록스에 대해 집중해 보도록 하겠습니다.

2

어떻게 '블록스'를 만들 수 있었나?

앞에서 내가 만든 건 정말 '내' 프로그램일까?

혹시 앞서 블록스를 만들면서 이런 생각이 들지 않았습니까?

"어? 이게 정말 내가 만든 프로그램이 맞나?"

아마 대다수의 분들이 비슷한 의문을 가졌을 겁니다. Cursor에게 "파이썬으로 블록스(테트리스 스타일의 블록게임)를 만들어줘"라고 말했더니 정말로 블록게임이 뚝딱 나타났으니까 말입니다.

이 의문에 대해 함께 생각해보겠습니다. 과연 우리가 블록스를 쉽게 만들 수 있었던 이유는 무엇일까요? 그리고 이것이 정말 우리가 원했던 프로그램일까요?

AI가 이미 알고 있던 블록게임

앞에서도 잠깐 언급했었습니다만, 사실 우리가 블록게임을 쉽게 만들 수 있었던 가장 큰 이유는 AI가 이미 블록게임에 대해 잘 알고 있었기 때문입니다. 한번 생각해 볼까요? 테트리스는 1984년에 만들어진 이후로 40년 넘게 전 세계 사람들이 즐겨온 게임입니다. 어릴적 문방구 앞 오락기계 앞에서 조이스틱을 열심히 움직였던 기억부터 이제 핸드폰에서도 쉽게 접할 수 있는 게임이니 인터넷상에는 테트리스에 대한 수많은 정보가 있고, 코드 예시도 무수히 많이 있습니다.

AI는 이런 방대한 데이터를 학습했기 때문에 테트리스가 어떤 게임인지 정확히 알고 있습니다.

- ✔ 화면 위에서 블록이 아래로 시간에 따라 조금씩 이동한다.
- ✔ 블록이 벽이나 다른 블록을 만나면 더 이상 이동할 수 없다.
- ✔ 키 입력을 받아서 블록을 회전시키거나 왼쪽, 오른쪽, 아래로 움직인다.
- ✔ 한 줄에 모두 블록이 채워지면 그 줄이 사라지면서 점수가 올라간다.
- ✔ 블록이 화면 맨 위까지 쌓이면 게임이 끝난다.

AI는 이런 테트리스의 기본 규칙과 구현 방법을 모두 알고 있었기 때문에 우리의 간단한 요청만으로도 블록게임을 만들어낼 수 있었던 것입니다.

하지만 잠깐, 내가 생각한 블록게임이 이거였나?

여기서 중요한 질문을 해보겠습니다. 우리가 Cursor에게 블록게임을 만들어 달라고 했을 때, 정말로 앞에서 AI가 만든 그 블록게임을 생각하고 있었을까요?

아마 대부분분들은 막연히 블록이 쌓이는 프로그램을 생각했을 것입니다. 구체적으로 어떤 색깔의 블록이 나와야 하는지, 블록의 종류는 몇 개인지, 점수 계산은 어떻게 해야 하는지, 레벨은 어떻게 올라가는지까지는 생각하지 않았을 겁니다.

예를 들어, 여러분이 생각한 블록게임은 이런 것이었을 수도 있습니다.

"블록이 떨어지는 게임인데, 좀 더 화려한 효과가 있었으면 좋겠어."
"음악이 나오면서 더 재미있게 만들고 싶어."
"친구와 함께 할 수 있는 2인용 게임이면 좋겠어."
"내가 좋아하는 캐릭터가 나오는 블록게임이었으면 해."

하지만 AI가 만든 것은 AI가 학습을 통해 형성한 블록게임이라는 개념이 코드로 표현된 것입니다. 우리가 그 프로그램을 '테트리스 스타일의 블록게임'이라고 받아들이는 이유는 AI가 만든 블록스와 우리가 평소에 접해온 블록게임 사이에 공통점이 있기 때문입니다. 하지만 그것이 정확히 우리 마음속에 있던 블록게임과 일치하는 것은 아닙니다. 아직 AI가 우리의 마음을 읽지는 못합니다.

우리가 생각하는 것을 정확히 전달하는 것의 중요성

그렇다면 우리가 앞으로 만들고 싶은 프로그램들은 어떤것인지 생각해봅시다.

"우리 가족만을 위한 가계부 프로그램"

"내가 다니는 회사의 업무를 자동화하는 프로그램"

"우리 동네 카페의 주문 관리 프로그램"

"내 취미생활을 도와주는 특별한 프로그램"

이런 프로그램들은 세상에 딱 하나뿐인, 여러분만의 특별한 요구사항을 가지고 있습니다. 이 전에 만들었던 블록스처럼, AI가 이미 완벽하게 알고 있는 프로그램이 아닙니다. 따라서 우리가 생각하고 있는 것을 정확하게 AI에게 전달하는 것이 매우 중요합니다.

다시 말씀드리지만, AI가 아무리 똑똑해도 여러분의 마음을 100% 읽을 수는 없기 때문입니다.

요구사항 정리가 왜 중요한가?

여기서 요구사항이라는 개념이 등장합니다. 요구사항이란 '내가 만들고 싶은 프로그램이 어떤 기능을 해야 하는지, 어떻게 작동해야 하는지를 구체적으로 정리한 것'입니다.

우리가 만들었던 '블록스'의 경우, 여러분은 요구사항을 정리하지 않았습니다. 그냥 "테트리스 스타일로 만들어줘"라고 했을 뿐이죠. 하지만 AI가 테트리스에 대해 이미 완벽하게 알고 있었기 때문에 문제없이 작동했습니다.

그렇지만, 이제부터 만들 프로그램들은 다릅니다. 예를 들어 "내가 다니는 회사의 업무를 자동화하는 프로그램을 만들어줘."라고 하면 AI는 이런 질문들을 할 것입니다.

- ✔ 어떤 업무를 자동화 하고 싶으신가요?
- ✔ 이 업무는 어떤 순서로 진행되나요?
- ✔ 해당 업무에 사용하는 도구는 무엇인가요?

- ✔ 입력 데이터와 출력 결과는 각각 어떤 형태인가요?
- ✔ 자동화 프로그램은 어디(사내 PC, 클라우드 등)에서 동작하나요?
- ✔ 개인정보나 민감정보가 포함되나요?
- ✔ 자동화 결과는 어떤 형태로 보고 싶으신가요?

이런 세부적인 사항들을 미리 정리해두지 않으면, AI와 계속 대화를 주고받으면서 프로그램을 수정해야 합니다. 물론 그것도 바이브 코딩의 매력 중 하나이지만, 좀 더 효율적으로 작업하려면 미리 계획을 세우는 것이 좋습니다.

요구사항 정리하는 방법

그렇다면 어떻게 요구사항을 정리해야 할까요?

저는 프로그래밍의 제일 중요한 부분이 이 단계라고 생각합니다. 지도와 나침판이 있어도 목적지를 모르면 아무 소용이 없습니다.

1단계: 프로그램의 목적 정리하기

- ✔ 이 프로그램으로 무엇을 하고 싶은가?
- ✔ 어떤 문제를 해결하고 싶은가?

2단계: 기능 목록 만들기

- ✔ 프로그램이 할 수 있어야 하는 일들을 모두 나열해보기
- ✔ 각 기능이 어떻게 작동해야 하는지 간단히 정리하기

3단계: 화면 구성 생각해보기

- ✔ 사용자가 보게 될 화면이 어떻게 생겼을지 그려보기
- ✔ 버튼이나 메뉴가 어디에 있었으면 좋을지 생각해보기

예를 들어, 간단한 '해야할 일 관리 프로그램'을 만든다면:

[프로그램 목적]

- 매일 해야 할 일들을 기록하고 관리하기
- 완료된 일은 체크 표시하기
- 중요한 일은 따로 표시하기

[기본 기능]

- 할 일 추가하기
- 할 일 완료 표시하기
- 할 일 삭제하기
- 중요한 일 표시하기
- 완료된 일 목록 보기

[화면 구성]

- 위쪽: 새로운 할 일을 입력하는 칸
- 가운데: 할 일 목록 (체크박스와 함께)
- 아래쪽: 완료된 일 개수 표시

또 다른 예시로 '매일하는 운동 기록 관리' 프로그램을 만든다면:

[프로그램 목적]

- 매일 한 운동을 기록하고 관리
- 운동 시간과 종류를 추적
- 꾸준한 운동 습관 형성 도움

[기본 기능]

- 운동 종류 등록 (조깅, 헬스, 요가 등)
- 운동 시간과 날짜 기록
- 주간/월간 운동 통계 보기
- 목표 설정 및 달성률 확인

- 운동 기록 삭제 및 수정

[화면 구성]

- 메인 화면: 오늘의 운동 기록 입력
- 통계 화면: 그래프로 운동 현황 표시
- 목표 화면: 목표 설정 및 달성률

이렇게 정리하면, 내가 원하는 것이 무엇인지, 어떤 기능을 해야 하는지에 대하여 확인할 수 있으며, 실제로 AI가 프로그램을 작성할 때에도 더 효율적으로 작성할 수 있습니다.

프로그램 개발의 다음 단계

요구사항을 정리했으면, 이제 어떻게 프로그램 개발을 진행할지 계획을 하고, 구조를 설계한 다음, 구현하고 테스트하면 됩니다.

자! 이게 전통적인 프로그램의 일반적인 개발 방법입니다.

하지만, 바이브코딩에서는 요구사항에 대한 확실한 개념만 잡혀 있다면, 바로 프로그램 개발이 가능합니다.

물론, 지금 제가 소프트웨어 개발 방법을 말씀드린 부분에 대해서는 앞으로도 수많은 이견과 지난한 토론이 함께할 거라고 생각합니다. 기존의 개발 환경을 뒤흔든 새로운 환경이 만들어진 상황에서 어떻게 개발하는 것이 더 바람직한지에 대하여 모두들 열심히 고민하고 더 나은 방법을 위해 다같이 노력해야 하겠지요.

그러나, 이 책의 독자분들께서는 그러한 토론의 장에서 한걸음 물러나서, 본인 프로그램에 대한 요구사항을 정리하셨다면 다음 장으로 넘어가시기 바랍니다. 아직 우리는 갈길이 멉니다.

블록스에서 배운 교훈

블록스를 만들면서 우리는 바이브 코딩이 얼마나 강력한지 경험했습니다. 하지만 동시에 중요한 교훈도 얻었습니다.

블록스에서 배운 것:

① AI는 잘 알려진 프로그램을 빠르게 만들 수 있다.

② 하지만 AI가 만든 것이 우리 마음속 생각과 정확히 일치하지는 않는다.

③ 우리가 원하는 특별한 기능이 있다면 구체적으로 설명해야 한다.

앞으로 적용할 원칙:

① 프로그램을 만들기 전에 요구사항을 정리하자.

② 우리가 원하는 것을 구체적으로 설명하자.

③ AI와의 소통에서 명확성이 가장 중요하다.

이런 차이점을 이해하는 것이 성공적인 바이브 코딩의 첫 번째 단계입니다. AI는 분명히 강력한 도구이지만, 우리가 원하는 것을 정확히 전달하는 것은 여전히 우리의 몫입니다.

Hello
I’m VibeCoding

Let’s talk, and make
code together

Start coding with your voice!

Part. 03

두번째 프로그램

우수수

하늘에서 수식이 내리는 게임

말로 코딩을 시작해보세요!

1

나만의 게임을 만들어보자!

드디어 새로운 프로그램을 만들어 볼 시간이 왔습니다! 블록스를 만들어 보면서 바이브 코딩의 맛을 봤다면, 이번에는 정말로 우리가 상상한 프로그램을 직접 구현해보겠습니다. 마치 백지 위에 첫 그림을 그리는 것처럼 설레는 순간입니다.

상상에서 현실로: 우수수 게임

혹시 옛날 타자 연습 프로그램을 기억하시나요? 화면 위쪽에서 단어들이 천천히 아래로 떨어지고, 그 단어를 재빨리 타이핑하면 사라지는 그런 게임 말입니다. 손가락이 키보드 위를 바쁘게 움직이며 떨어지는 단어들을 잡아내던 그 짜릿함을 기억하고 계실 겁니다.

오늘 우리가 만들 '우수수' 게임은 그 타자 연습 게임에서 영감을 받았습니다. 하지만 단어 대신 수학 연산식이 위에서 떨어지고, 우리는 그 답을 입력해서 연산식을 없애야 합니다. 예를 들어 '3 + 5'가 떨어지면 우리는 '8'을 입력하는 식입니다.

'우수수'라는 이름은 '하늘에서 수식이 우수수 내려오는 풍경'을 표현하는 것으로, 일부러 아무도 예상할 수 없는 이름을 지었습니다.

왜냐하면 AI가 전혀 학습하지 않은 아이디어를 구현하기 위해서입니다.

바이브 코딩으로 아이디어를 현실로

지난 블록게임 만들기에서는 이미 존재하는 게임의 스타일을 따라 만들었습니다. 하지만 이번에는 다릅니다. 우리 머릿속에 있는 아이디어를 AI와 대화하며 프로그램으로 만들어내는 것입니다. 이것이 바로 바이브 코딩의 진정한 매력입니다.

바이브 코딩은 정말 새롭고, 놀라운 경험입니다. 코드가 있다는 사실조차 잊어버리고, 간단한 요청 몇 줄로 프로그램을 만들 수 있습니다. 이제 '코딩'은 정말로 '코딩'이라고 부르기도 애매할 정도로 자연스러운 창작 과정이 되었습니다.

요구사항 정리하기

앞에서 어떤 프로그램을 만들지 요구사항을 정리해 보는편이 좋다고 말씀드렸었습니다. 물론, 요구사항 정리라고 해서, 전통적인 프로그램 개발 방법의 요구사항으로 생각하실 필요는 없습니다.

앞에서, 저는 요구사항 정리를 크게 3단계로 정리해 보자고 말씀드렸었습니다.

다시 한번 기억을 되새겨 보면,

1단계: 프로그램의 목적 정리하기

✔ 이 프로그램으로 무엇을 하고 싶은가?

✔ 어떤 문제를 해결하고 싶은가?

2단계: 기능 목록 만들기

✔ 프로그램이 할 수 있어야 하는 일들을 모두 나열해보기

✔ 각 기능이 어떻게 작동해야 하는지 간단히 정리하기

3단계: 화면 구성 생각해보기

✔ 사용자가 보게 될 화면이 어떻게 생겼을지 그려보기

✔ 버튼이나 메뉴가 어디에 있었으면 좋을지 생각해보기

자, 이제 '우수수'게임의 요구사항을 정리해 보겠습니다.

단계	요구사항
1단계	게임을 만들고 싶습니다. 화면 위에서 연산식이 아래로 떨어지는 게임입니다.
2단계	연산식의 답을 입력하면 연산식이 지워집니다.
3단계	위에서 연산식이 아래로 떨어지는 화면입니다.

간단하게 정리하면, '연산식이 화면 위에서 아래로 떨어지면 답을 입력하여 지우는 게임'입니다.

이걸로 이번 프로그램의 요구사항은 끝입니다.

(첫 번째 프로그램이니, 더 깊은 고민을 하지 않고 바로 시작하겠습니다.)

첫 번째 시도: 시작하기, 그냥 시작하기

먼저 새 폴더를 만들어 보겠습니다. 이번에는 'Programming' 폴더안에 'calcu'라는 폴더를 만들고, Cursor에서 File > Open Folder를 선택해서 이 폴더를 열어주세요.

다음 채팅창에서 이렇게 시작해 보겠습니다.

> "연산식이 화면 위에서 아래로 떨어지면 답을 입력하여 지우는 게임을 파이썬으로 만들어줘"

Cursor는 제 요청을 받자마자, 뭔가 많은 글을 쏟아내기 시작합니다.

찬찬히 한번 보도록 하겠습니다.

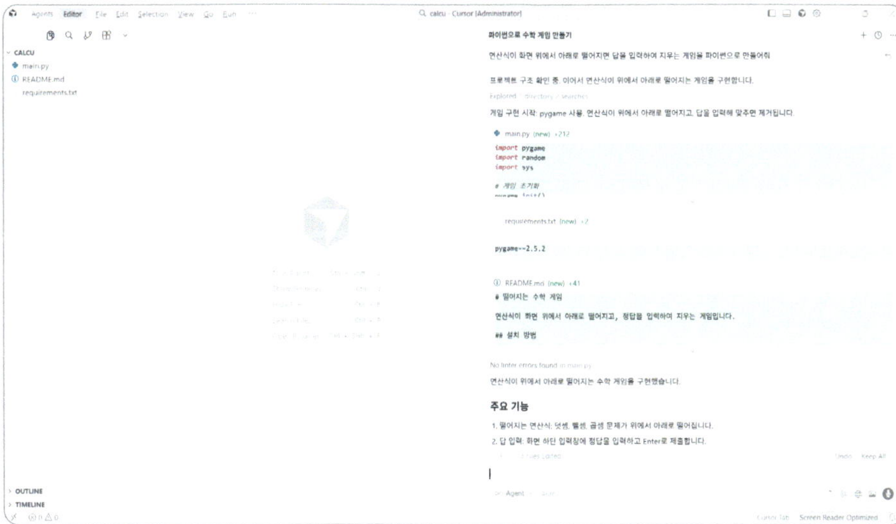

① 맨 처음에는 프로젝트 구조를 확인하고, 게임 구현을 시작합니다.
앞에서 만들었던 블록스 게임과 같이 'main.py', 'requirements.txt', 'README.md'의 3개 파일을 만들고 수학게임을 구현했다고 알려줍니다.
이번에는 왼쪽의 사이드 바를 열고 채팅창에 요청을 했는데, 사이브 바에 새로 생긴 파일 3개가 보이시나요?

이제 채팅창을 조금 내려보겠습니다.

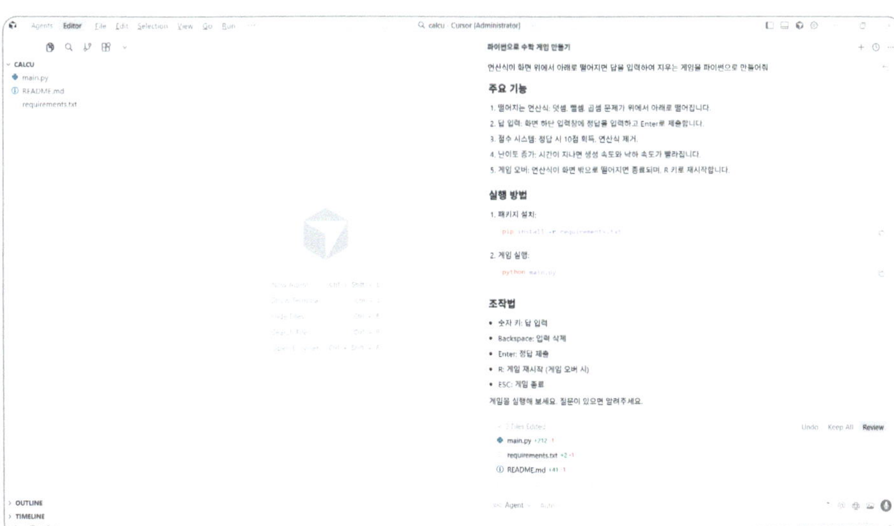

② 지금 만든 프로그램의 주요기능과 실행방법, 조작법을 설명하고 있습니다.

혹시, 실행방법의 설명이 블록스 게임을 만들때와 조금 다른 형식인 것을 눈치 채셨나요?

아시겠지만, Cursor는 LLM을 통해 답변을 합니다. 그런데, LLM은 항상 같은 답변을 하지 않습니다. 이는 LLM의 특징(확률적 모델)이기 때문입니다.

조금 더 화면을 내려보겠습니다.

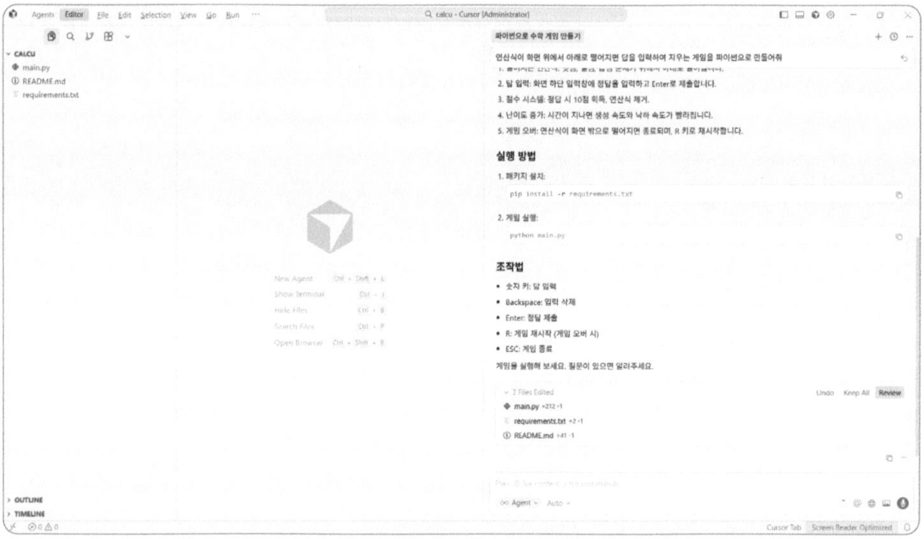

③ 맨 마지막에는 앞에서와 마찬가지로 3개 파일을 편집했다는 창과 이 파일에 대한 승인(사용자의 결정)을 요청하고 있습니다. 'Undo', 'Keep All', 'Review'의 의미에 대하여는 앞에서도 설명했으니 넘어가고, 이번에는 'Keep All'을 눌러서 모두 승인해 보겠습니다.

그리고, 사이드 바의 'main.py'파일을 선택해 보겠습니다.

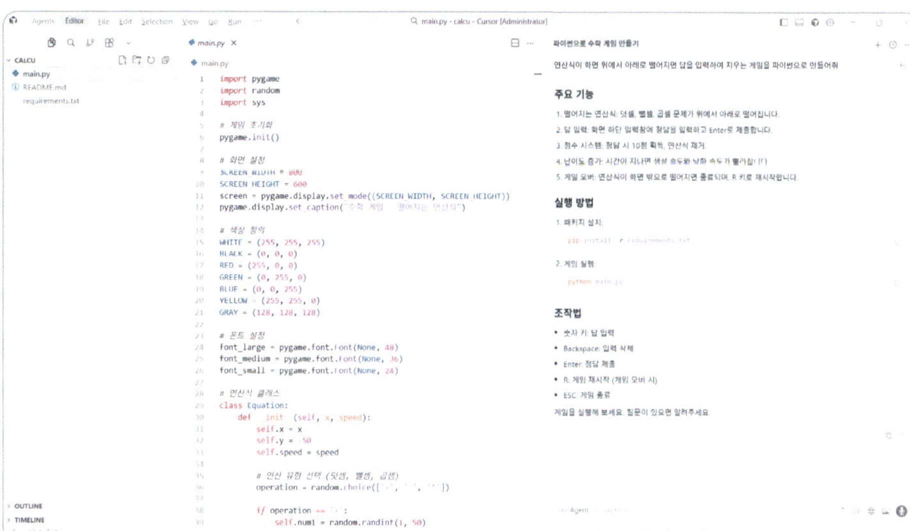

이 부분이 실제 게임을 실행하는 프로그램 코드입니다. 자세히 한줄씩 분석해 보는것도 좋은 공부가 되리라 생각합니다만, 저는 바로 실행을 해 보도록 하겠습니다.

채팅창을 다시 보면,

실행 방법을 설명한 부분이 나옵니다.

먼저, 패키지를 설치해 보겠습니다. 오른쪽의 네모가 두 개 겹친 부분을 클릭하면, 이 내용이 복사됩니다.

앞장에서 블록스를 만들때도 말씀드린 바 있습니다만, 이 명령어는 pip 프로그램이 'requirements.txt'파일 안에 나열된 필요한 라이브러리 목록을 읽어서(-r) 설치(install)하라는 명령어입니다.

여기서 'requirements.txt' 파일에 무엇이 있는지 한번 보겠습니다.

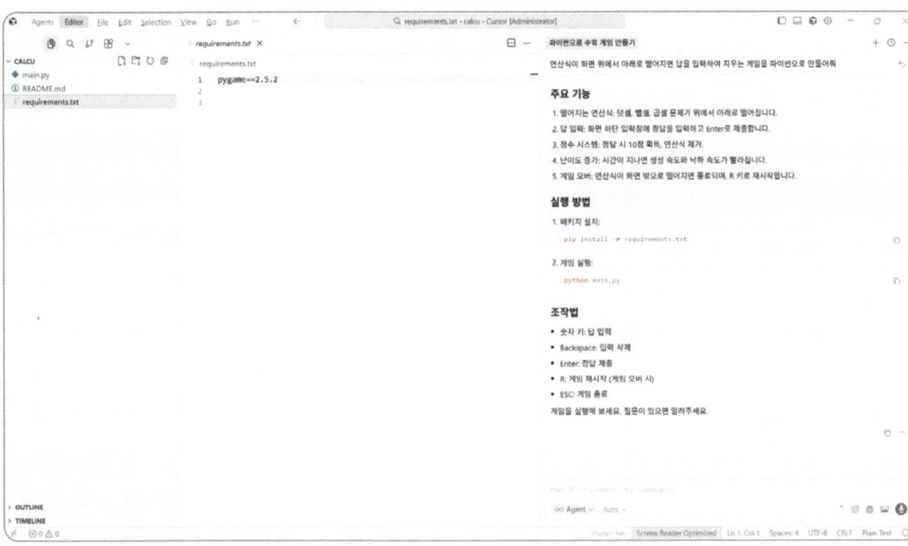

블록스 게임을 만들때와 같은 내용입니다.

pygame라이브러리 2.5.2를 사용하라는 내용입니다.

그러고 보니, 우리는 이미 블록스 게임을 실행할 때 해당 라이브러리를 설치했었습니다. 그럼에도 또 설치해야 하는걸까요?

일단, 채팅창에서 알려준데로 진행해 보겠습니다.

해당 명령어를 복사한 다음, 콘솔창을 열어서 붙여넣기 하고 실행(Enter)해 보겠습니다. (콘솔창에서 마우스 오른쪽 버튼을 누르면, 붙여넣기가 됩니다.)

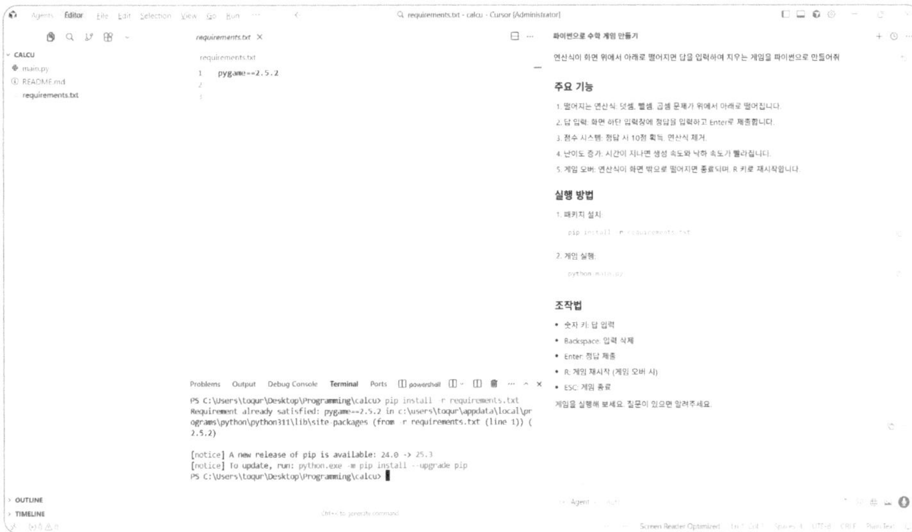

콘솔창을 보니까, 에러가 발생한 것 같지는 않습니다.

메시지를 보니, 이미 pygame이 2.5.2가 설치되어 있다는 것과, pip 프로그램 25.3이 사용가능하니 업그레이드하라는 내용입니다.

pip의 업그레이드는 마지막줄('python.exe -m pip install —upgrade pip')을 명령어창에서 입력하고 실행하면 됩니다.
이 책에서는 별도 다루지는 않겠습니다.

그러니까, 이미 해당 라이브러리가 설치되어 있으면, 다시 설치를 시도해도 별도 동작을 하지 않는 것입니다. 우리가 프로그램을 실행하다 보면 라이브러리가 많이 필요합니다. 그런데, 어떤 라이브러리가 설치되어 있는지 모두 알 수가 없습니다. 그러니, 앞으로도 Cursor에서 작성한 설치방법을 그대로 실행하면(여기서는 'requirements.txt'의 내용을 설치하는 것) 됩니다.

다음은 게임 실행입니다.

'python main.py'를 복사해서 콘솔창에서 붙여넣기를 하고 실행해보겠습니다.

다음은 실행화면입니다.

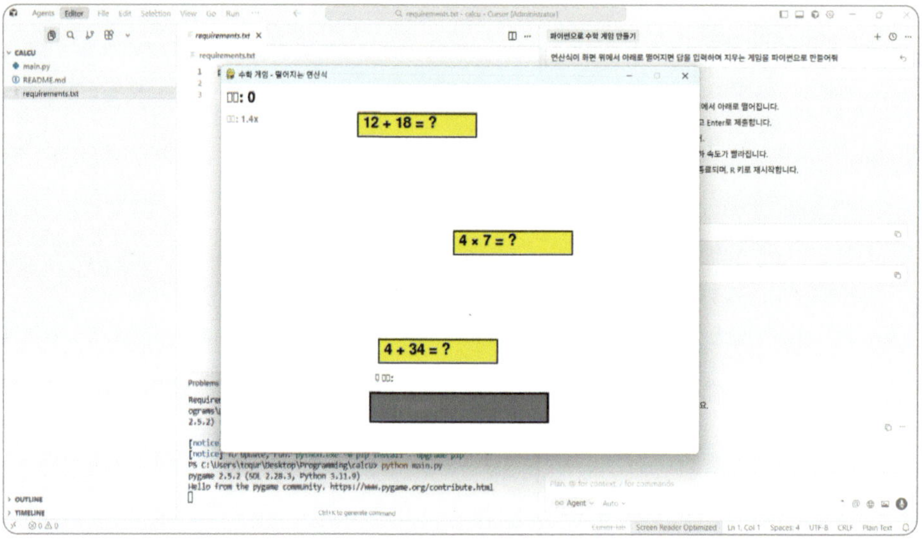

오! 화면위에서 연산식이 아래로 떨어집니다.

그런데... 두자리 숫자의 더하기가 나오네요? 이런! 마음의 준비가 안 되었는데.... 게다가 너무 빨리 연산식이 떨어져서 입력하기도 전에 게임이 끝났습니다.

다시 채팅창에 제가 원하는 것을 요청합니다.

> "연산식이 너무 빨리 떨어져서 게임을 할 수가 없어. 조금 더 천천히 떨어지도록 프로그램을 수정해"

제 요청에 대한 Cursor의 답변을 한번 보겠습니다.

답변을 보니, 제 요청에 따라 코드를 확인하고 초기 속도와 증가율을 조정합니다.

먼저, 채팅창 속의 첫 번째 화면에서는 main.py파일에 한줄을 추가(+1)하고 한줄을 삭제(-1)한 것이 표시되며 그 내용이 연한 분홍색(삭제한 부분)과 연한 초록색(추가한 부분)으로 표시됩니다.

채팅창을 보니, 모두 3군데를 수정한 것으로 보입니다.

화면 아래에는 속도 조정을 완료했다는 메시지가 보입니다.

그 아랫부분에는 변경사항에 대하여 설명하고 있습니다.

프로그램을 공부하시는 분이라면, 코드와 변경사항에 대한 비교를 하는 것도 재밌을 것 같습니다.

마지막에는 1개의 파일(main.py)를 편집했다는 것과, 처음 파일을 만들었을 때의 화면이 나옵니다. 저는 'Keep All'버튼을 눌러서 반영하고 다시 프로그램을 실행해보겠습니다.

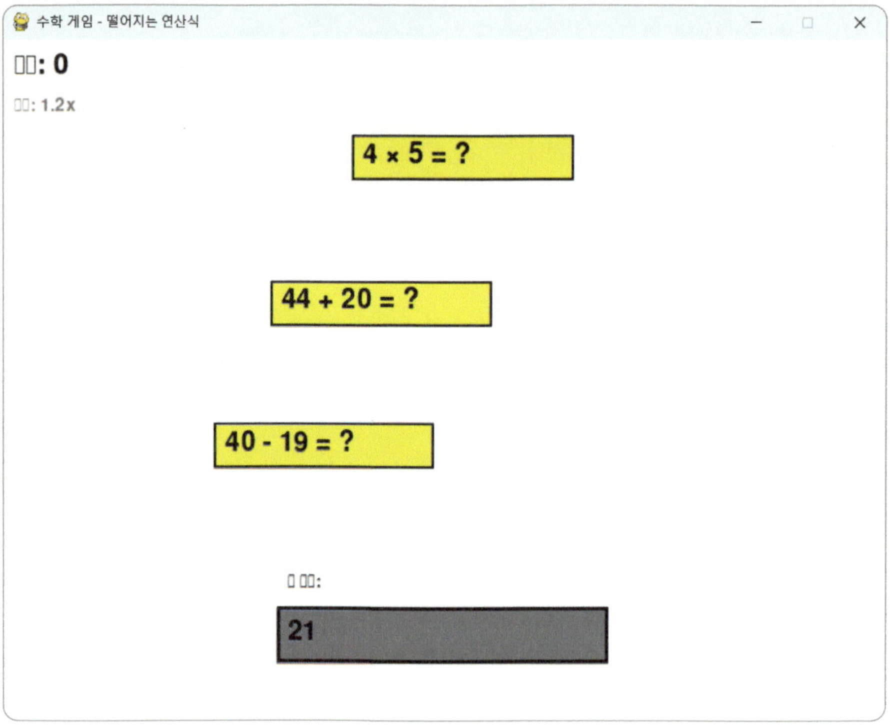

이제는 천천히 연산식이 떨어지면서 입력을 하면 지워지고, 점수도 올라가는 모습입니다.

그런데, 정답을 입력하면 표시되는 점수 옆의 글자가 제대로 나오지 않는 것으로 보입니다. 아마도 한글 처리가 제대로 안 되는 것 같습니다.

이번에는 이렇게 요청하겠습니다.

"한글이 제대로 표시되지 않아 수정해"

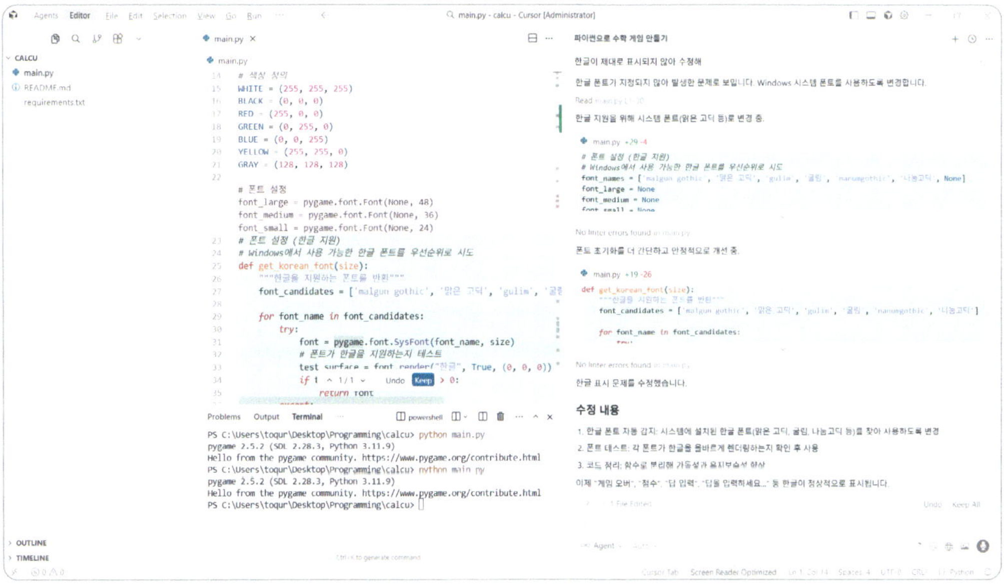

채딩창을 보면, 한글 폰트(글꼴)관련 문제를 찾아서 해결하는 과정을 보여줍니다. 지금은 편집창을 한번 보겠습니다.

제가 이번에는 프로그램 소스('main.py')를 편집창에 띄웠습니다.

편집창을 보시면, 연한 분홍색 부분과 연한 초록색으로 표시된 부분을 보실수 있습니다.

화면 중간쯤에 'Undo', 'Keep'이 보이시나요?

당연하게도, 이 코드를 승인할지에 대한 선택 버튼입니다. 만약 'Undo'를 선택하면, 초록색 부분을 지우고 분홍색 부분을 다시 복원할 것이고(아마도 한글이 여전히 표시되지 않을겁니다.), 'Keep'을 선택하면, Cursor가 한 코드 수정을 승인하게 될것입니다. 저는 당연히 'Keep'을 선택하겠습니다.

다음은 수정을 마치고 실행한 화면입니다.

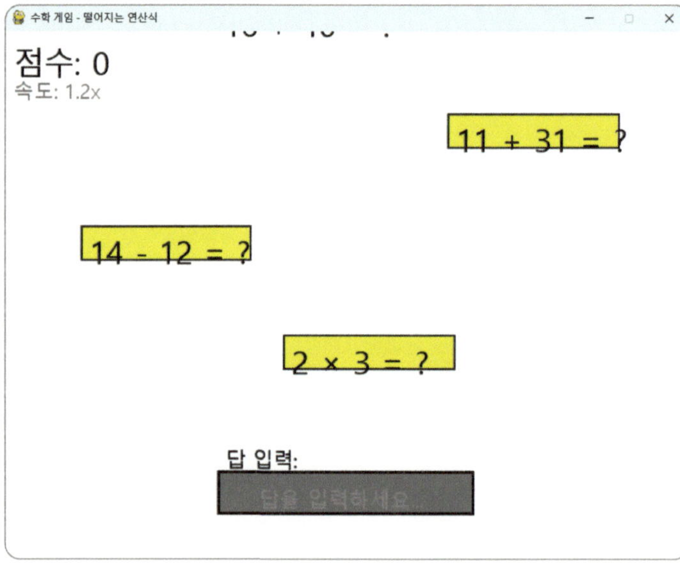

이제 한글이 제대로 표시됩니다. 그런데, 수식이 보기가 좋지 않습니다. 그래서, 이번에는 이 화면을 캡처(갈무리)해서 다시 요청하겠습니다.

이 우수수 게임의 실행중에 Alt키와 Print Screen키를 같이 눌러서 프로그램의 실행화면을 복사한 다음에 채팅창에 붙여넣기를 하고 수정을 요청하겠습니다.

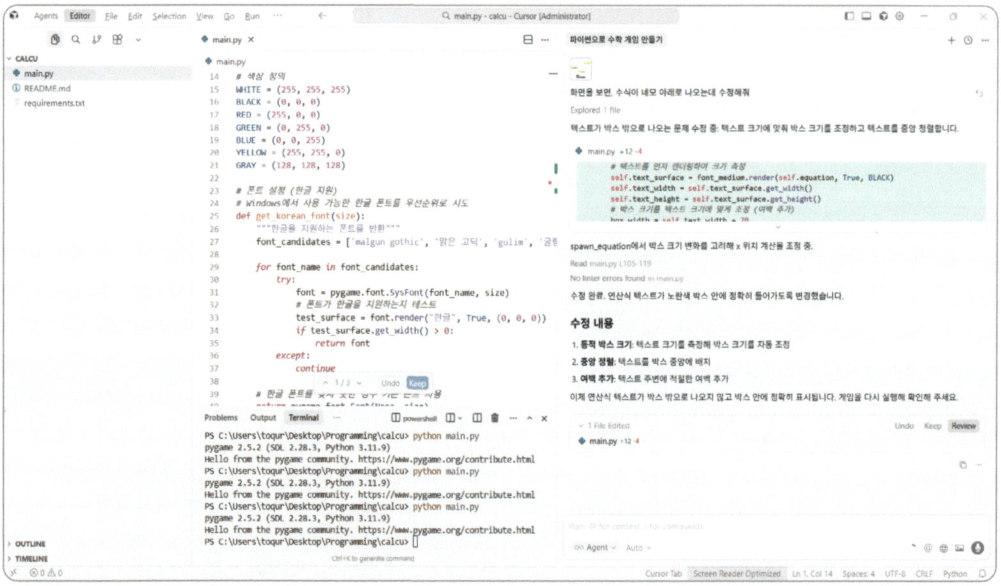

채팅창에 화면을 캡처해서 붙여넣기를 하면 Cursor가 볼 수 있습니다.

Cursor는 앞에서도 말씀드렸습니다만, LLM을 통한 프로그램 개발을 지원합니다. 즉, LLM이 멀티모달(Multimodal)을 지원하면서, 문자(Text)뿐만 아니라, 그림(Image) 등의 다양한 정보를 이해하고 수정할 수 있습니다.

그리고, 어떤 경우에는 이미지를 바로 캡처해서 전달하는 게 훨씬 간편할 수 있습니다.

다시 한번 실행해보겠습니다.

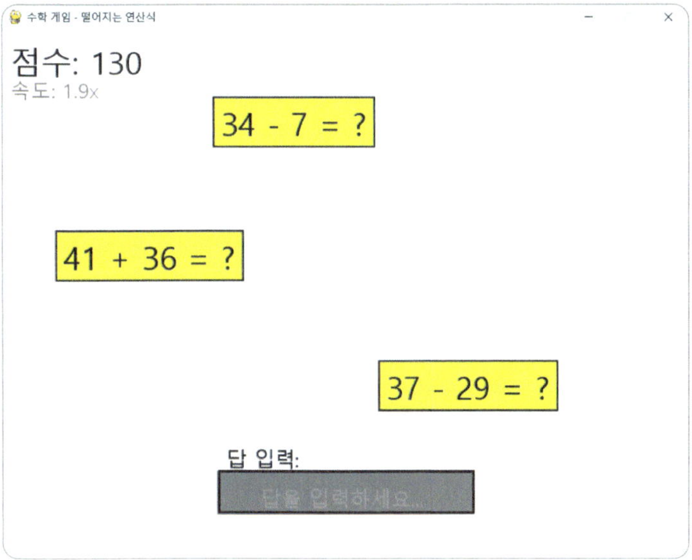

게임을 해 보니, 만족스럽지는 않지만, 그럭저럭 처음에 생각했던 것과 비슷하게 동작합니다.

우리의 목적이 바이브 코딩에 대한 학습이지 '우수수 프로그램'을 아주 멋들어지게 완성하는 것은 아니니, 이쯤에서 마무리하도록 하겠습니다.

바이브 코딩은 AI와 함께 뭔가를 만들어가는 것과 같습니다.

처음 만들어진 프로그램을 실행해 보고, 계속 수정하고 추가요청해서 원하는 프로그램을 만들어 가는겁니다. 기능 추가도 마찬가지입니다. "이런 거 만들어보자!" 하고 시작해서 "어? 이것도 추가하면 재미있겠는데?" 하면서 점점 발전시켜나가는 거죠.

‘코딩’은 이제 ‘코딩’이라고 부르기도 애매할 정도로 창의적인 놀이가 되었습니다.

AI와 대화를 통해 하나씩 개선해나가면서 우리가 상상한 게임에 점점 가까워집니다. 마치 조각가가 대리석을 조금씩 깎아가며 작품을 만들어나가는 것과 같습니다.

바이브코딩을 하는 방식

우리는 이번에 기본 게임을 완성하고, 하나씩 필요한 사항을 요청하여, 프로그램을 완성해 나가는 방식을 사용했습니다. 게임을 실행해보면서, 기능도 추가하고, 화면도 조정하는 방식이었습니다.

전통적인 방식은 프로그램을 시작하기 전에 요구사항을 분석하고, 프로그램의 구조와 화면을 설계하는 방식입니다.

이번에 만든 ‘우수수’게임에 대해서 생각해 보겠습니다.

[완성 후 기능 추가 방식]

현재처럼 기본 게임을 먼저 완성하고, 그다음에 창의적인 요소들을 하나씩 추가하는 방법입니다. 다음 요소를 추가하는 것도 재밌을 것으로 보입니다.

- ✔ 난이도 추가 (한 자릿수의 덧셈에서 뺄셈, 곱셈, 두 자릿수의 연산 추가)
- ✔ 답을 맞추지 못하면 종료하는게 아니라, 10번 정도의 기회 제공
- ✔ 연속으로 정답을 맞출 때마다 보너스 점수
- ✔ 특별한 황금 연산식 (더 많은 점수를 주는)
- ✔ 플레이어 이름 입력 및 최고 점수 저장
- ✔ 배경 음악이나 효과음 추가
- ✔ 연산식 색깔을 난이도별로 다르게

[초기 설계에 포함시키는 방식]

처음부터 구현할 기능들을 생각해두고 요구사항을 정리해서 Cursor에게 요청했다면, AI는 처음부터 이런 요소들을 고려해서 더 정돈된 결과물을 만들어서, 나중에 추가하는

것보다 훨씬 깔끔하고 안정적인 구조로 프로그램이 되었을 겁니다.

우수수에 대한 요구사항을 정리하면,

"파이썬으로 수학 게임을 만들어줘.
✓ 게임 이름: 우수수
✓ 게임 방식:
- 화면 위에서 수학 연산식이 아래로 떨어집니다.
- 사용자가 정답을 입력하면 연산식이 사라집니다.
- 연산식이 바닥에 닿으면 기회가 줄어듭니다.
- 10번의 기회가 있고, 10개를 맞추면 난이도가 올라갑니다."

이렇게 됩니다.

그렇다면, 어떤 방식이 더 좋을까요? 우리는 "연산식이 화면 위에서 아래로 떨어지면 답을 입력하여 지우는 게임을 파이썬으로 만들어줘"라고 프로그램 개발을 요청했었습니다. 그다음, 하나씩 버그를 수정하고, 기능을 추가했습니다. 여러분은 얼마나 시간이 걸려서 여러분이 만족할 만한 프로그램을 만들었나요?

만약, 요구사항을 정리해서 점수 시스템을 처음부터 설계에 포함했다면 콤보 기능도 자연스럽게 들어갔을 것이고, 황금 연산식 같은 특수 요소도 처음부터 고려된 구조로 만들어졌을 것입니다. (하지만, 버그를 수정하기 번거로웠을 수도 있습니다.)

두 가지 접근 방식 중 어떤 것이 더 낫다고 단정하긴 어렵습니다. 최근에는 AI 기반 코딩 도구의 발전으로 인해 개발 방법론도 빠르게 변화하고 있고, 초기 설계를 중시하는 방식과 반복적인 개선을 중시하는 방식 모두 활발히 논의되고 있습니다.

저는 여러분이 두 방식 모두를 직접 경험해 보면서, '처음부터 깊이 설계하는 것'과 '일단 시작하고 점진적으로 개선하는 것' 사이에서 자신만의 균형점을 찾아가길 바랍니다.

이 책에서는 이 다음 장에서만 '처음부터 깊이 설계하는 방식'으로 프로그램을 만들어보고, 다른 모든 장에서는 '일단 시작하고 점진적으로 개선하는 것'으로 프로그램을 만들도록 하겠습니다.

여러분들도, 가능하시면 책을 끝까지 함께 하신 다음에, '처음부터 쉽게 설계하는 방법'으로도 경험해보시는 것을 권해드립니다.

2
우수수 프로그램 들여다보기

내가 만든 프로그램, 정말 이해하고 있을까?

여러분은 조금 전 바이브 코딩으로 멋진 우수수 프로그램을 만들어냈습니다. 몇 마디의 발로 화면에서 숫자 연산이 떨어지고, 답을 맞히면 사라지는 멋진 게임을 Cursor의 도움을 받아 만들었습니다. 그런데 잠깐, 혹시 이런 생각이 들지 않나요?

"어? 내가 만든 건 맞는데... 이 코드가 정확히 어떻게 돌아가는 거지?"

이는 매우 자연스러운 반응입니다. 바이브 코딩의 마법 같은 능력 덕분에 우리는 복잡한 프로그램도 쉽게 만들 수 있지만, 동시에 "내가 정말 이 프로그램을 이해하고 있는가?"라는 의문이 들 수 있습니다. "바이브 코딩은 실제 코드는 전혀 몰라도 된다고는 하지만, 그래도 궁금한데?" 하는 생각을 할 수도 있습니다.

마치 요리 배달 앱으로 맛있는 음식을 주문했지만, 그 음식이 어떻게 만들어졌는지 궁금한 것과 같습니다. 먹는 건 문제없지만, 재료가 뭔지, 어떤 순서로 조리됐는지 알고 싶어지죠.

이번에는 여러분이 만든 '우수수' 게임을 Cursor와 함께 분석해보겠습니다. 아! 걱정하시 않으셔도 됩니다. 우리는 프로그램의 전문가로서 코딩 하나하나를 분석하려고 하는게 아니니까요. 만일 부담스러우시면, 바로 다음장으로 넘어가셔도 됩니다.

Cursor와 함께하는 코드 분석

코드 분석은 마치 탐정이 되어 사건을 조사하는 것과 비슷합니다. 단서를 하나씩 찾아가며 전체 그림을 완성해 나가는 거죠. 다행히 우리가 사용하는 Cursor는 꽤 괜찮은 프로그램입니다!

Cursor는 어떤 LLM을 이용하는가?

여기서 잠깐, 앞에서 Cursor가 LLM이 통합된 방식이라고 말씀드렸던 것을 기억하시나요? 어떤 LLM이 사용되는지 확인하기 전에 Cursor의 AI 모드 선택에 대한 설명을 먼저 하도록 하겠습니다.

Cursor의 채팅창(Crtl+L)을 열면 하단 우측 상태바에 'Agent'버튼이 있습니다. 이 버튼을 눌러보면 다음과 같은 화면이 나타납니다.

이것은, AI의 작업모드를 선택하는 창입니다. (지금은 Agent로 선택되어 있습니다.)

각 메뉴의 기능은 다음과 같이 정리했습니다.

메뉴	기능
Agent	이 모드는 가장 강력하고 자율성이 높은 모드입니다. Agent는 질문에 답하는 것을 넘어서, 요구사항 해결을 위한 계획(Plan)을 세우고, 관련 파일을 수정(Edit)하고 오류를 확인(Verify)하는 등의 복잡한 작업을 자율적으로 수행합니다. 예) "게임에 점수 기능 추가해줘"
Plan	AI에게 작업을 바로 시키는게 아니라, 작업 수행을 위한 '계획'만 받아 보는 모드입니다. 사용자가 지시하면, AI는 "1. AAA.py 파일에 새 함수를 추가하겠습니다. 2. BBB.py 파일의 함수를 수정하겠습니다."와 같은 계획을 제시하고, 사용자가 이 계획을 승인해야 AI가 실제 파일을 수정합니다.
Ask	가장 기본적인 '채팅'모드입니다. 프로젝트 파일을 수정하지 않고, 단순한 질문을 하거나, 코드에 대한 설명을 요구할 때 사용합니다. 예시) 코드를 선택(마우스로 드레그)하고 "이 코드를 설명해줘"

우리는 Agent 모드만 사용하도록 하겠습니다. 프로그램 코드에 대한 이해가 더 높으신 독자분들은 다른 모드를 사용해보셔도 좋을 것 같습니다.

Agent옆의 연필을 클릭하면 다음 화면이 보입니다.

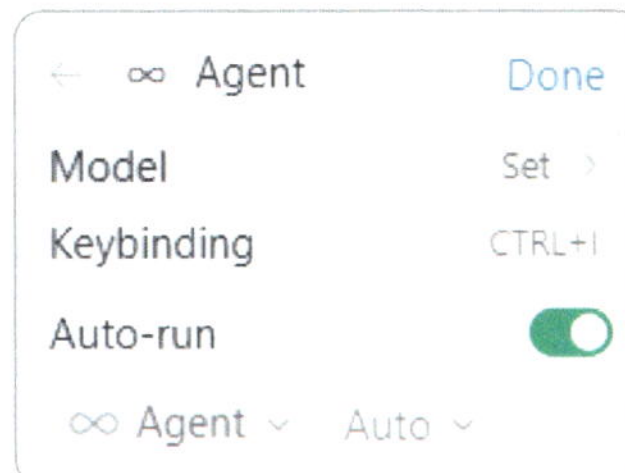

여기서 맨 첫 번째의 'Model'은 Agent가 작업을 수행할 때 사용할 LLM을 선택하는 곳입니다. 'Keybinding'은 'Agent'항목을 호출하기 위한 단축키를 보여줍니다.(CTRL+I), 'Aulo-run'은 'Agent'에게 작업을 시시했을 때, 즉시 실행할지(현재), 사용자에게 물어볼지를 선택합니다.

사용자의 지시를 바로 실행하는 경우, 사용자의 지시를 잘못 이해하고 있다면, 원하지 않는 코드 수정이 발생할 수도 있습니다.

다시 첫 번째로 돌아가서, 'Model'의 'Set' 옆에는 '>'표시가 있습니다. 더 세부 메뉴가 있다는 뜻이니, 어떤 내용이 있는지 보겠습니다.

'Model'을 클릭하면, 아래 화면이 나옵니다.

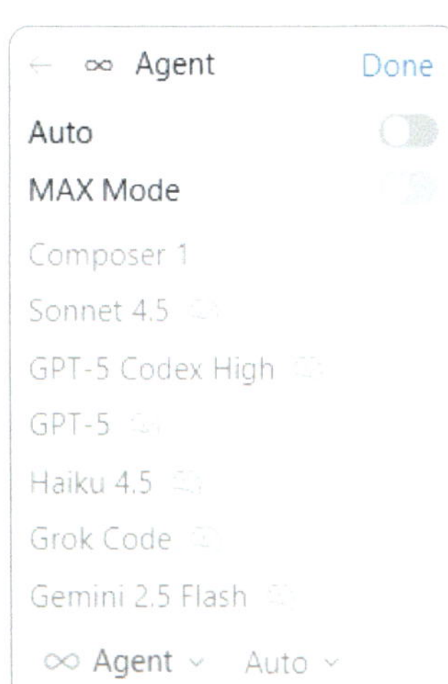

이 메뉴는 Cursor에서 사용할 AI Model(LLM)을 선택하는 화면으로, 현재는 자동(Auto)모드 이지만, Auto 대신, LLM을 직접 선택할 수 있습니다.

먼저, 'Auto'는 Cursor가 사용자의 요청에 따라 작업의 복잡도를 판단하여 가장 적절한 LLM을 자동 선택해 줍니다.

'MAX Mode'는 AI가 작업을 수행할 때, 비용이 더 들더라도 가장 강력한 모델을 사용하는 모드입니다.

이 아래는 LLM모델 이름입니다.

'Composer 1'은 Cursor의 자체 모델입니다. Cursor의 에디터와 가장 긴밀하게 통합되어 있고, 다른 모델보다 훨씬 빠른 속도로 작업을 완료한다고 합니다. 다만, 복잡한 시스템 설계를 하거나 깊게 추론하는 능력은 다소 부족할 수도 있다고 합니다.

'Sornet 4.5'는 Anthropic사의 모델입니다. Anthropic는 Claude라는 브랜드로 AI모델을 발표하고 있는데, Sornet 4.5는 Claude 모델 중 하나입니다.

'GPT-5 Codex High', 'GPT-5'는 OpenAI사의 모델입니다. 'GPT-5 Codex High'은 코딩에 특화된 모델입니다.

'Haiku 4.5'는 Anthropic사의 Claude 모델 중 빠른 모델이며,

'Grok Code'는 xAI사의 모델입니다. xAI사는 Grok이라는 브랜드로 AI 모델을 발표하고 있고, "Grok Code'는 코딩에 특화된 모델입니다.

'Gemini 2.5 Flash'는 구글사의 AI 모델입니다.

(왼쪽에 뇌 그림이 있는 모델은 '추론'능력을 갖춘 모델들입니다.)

그렇다면, 어느 모델을 사용하는 것이 제일 좋을까요?

아시다시피 각 사의 AI 모델은 눈부시게 발전하고 있습니다. 새로운 모델이 발표되면, 최고라는 평가가 바뀌는 일이 정말 빈번하게 일어납니다. 그래서, 지금 제가 글을 쓰고 있는 이 순간에 어떤 모델을 추천한다는 것이 별 의미가 없습니다.

그래서, 저는 'Auto'를 켜고 상황에 따라 Cursor가 모델을 선택하도록 하겠습니다. 여러분들은 혹시 사용하시거나 익숙한 LLM을 사용하셔도 되고, 다른 LLM을 선택하셔도 좋은 경험이 될 것으로 생각합니다.

프로그램 분석하기

1단계: 첫 번째 질문 - "이게 무슨 프로그램이야?"

자 우리는 Cursor에게 "우수수"프로그램(게임)을 만들어 달라고 했습니다만, 이번에는 Cursor가 어떻게 생각하는지 한번 물어보겠습니다. 먼저 Cursor에서 "우수수" 프로그램 폴더를 열고, 채팅창에 다음과 같이 물어보세요:

"이 프로그램이 무슨 프로그램인지 설명해줘"

Cursor는 우리의 질문에 충실히 답변을 해줄거라고 확신합니다만, 저는 이렇게 추가 질문을 해 보겠습니다.

"나는 프로그램 초보자야. 쉽게 다시 설명해줘"

LLM은 역할을 부여할 수 있습니다. 'LLM의 역할'도 부여하지만, '나의 역할'도 부여할 수 있죠. 그럼 첫 번째 답변보다 훨씬 쉽게 답을 해 줄 것입니다.

저에게는 두 번째 대답을 이렇게 했습니다.

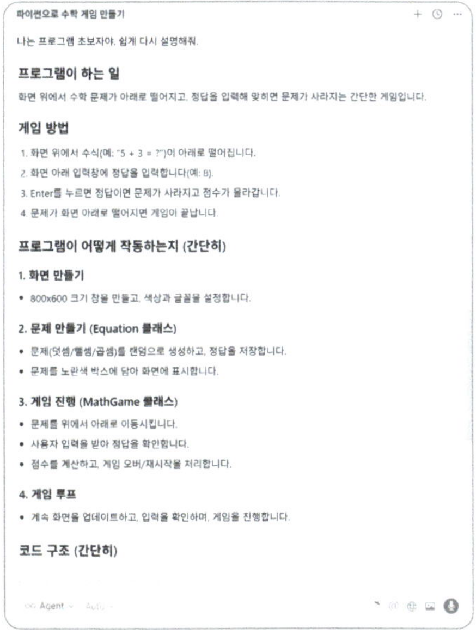

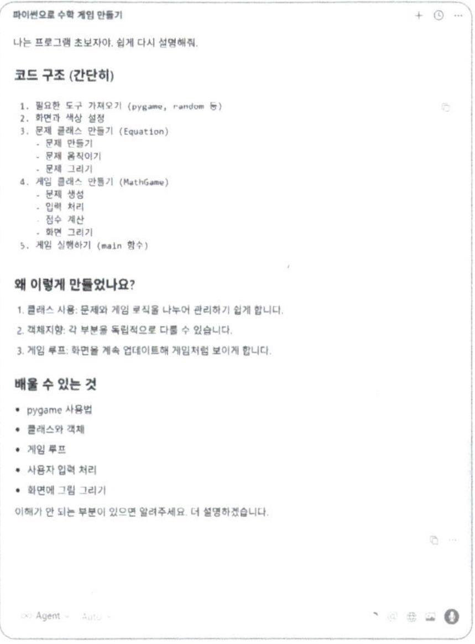

당연하게도 첫 번째 답보다 훨씬 쉽게 설명해주었습니다.

하지만, 이 대답에 만족하지 못하신다면, 몇 번이고 채팅창을 이용해서 묻고 답을 얻을 수 있습니다.

2단계: 프로그램의 구성 알아보기

이번에는 프로그램이 어떻게 구성되어 있는지 알아보겠습니다. 채팅창에, 이렇게 입력해 보겠습니다.

"이 프로그램의 구성에 관해 설명해줘. 어떻게 구성되어 있지?"

이번에는 아래 화면처럼 프로그램 구성에 대해 자세한 설명을 해줍니다.

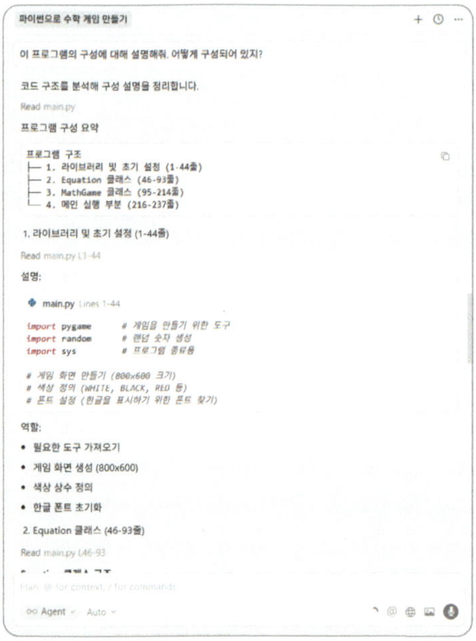

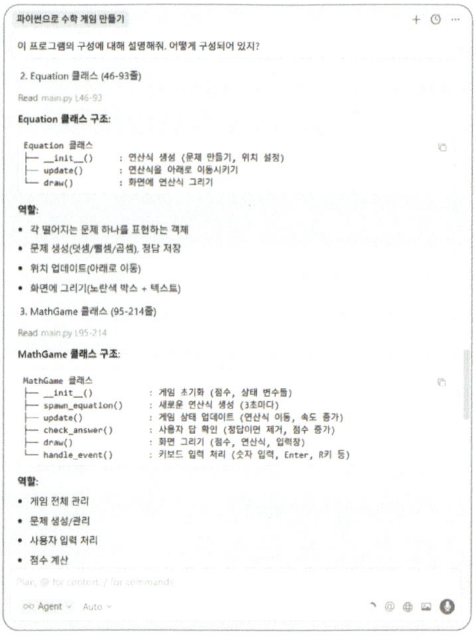

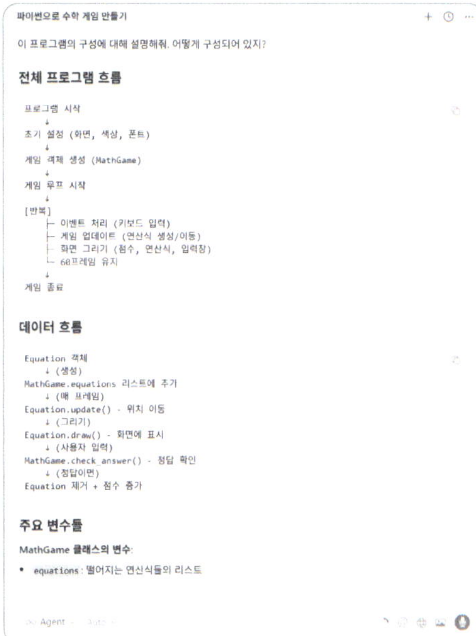

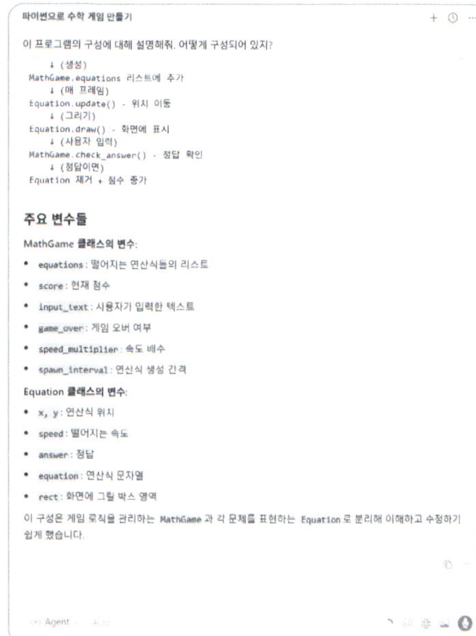

채팅창을 보면, 우리의 요청에 따라, 프로그램의 구조, 프로그램에서 사용하는 클래스에 대한 설명, 전체 프로그램의 흐름, 데이터의 흐름, 주요 변수들까지 자세히 설명해 준 내용을 볼 수 있습니다.

3단계: 플로우차트로 전체 흐름 파악하기

다음에는 프로그램의 전체적인 흐름을 이해해봅시다. 채팅창에서 다음과 같이 입력해 보겠습니다.

> **"이 프로그램의 플로우차트를 만들어줘.
> 프로그램이 어떤 순서로 동작하는지 알고 싶어."**

📌 플로우차트의 이해와 활용

- 플로우차트는 과정이나 절차를 시각적으로 표현한 도표입니다. 복잡한 작업이나 의사결정 과정을 이해하기 쉽게 그림으로 나타내는 도구로, 특히 기존 프로그램을 분석할 때 매우 유용합니다.
- 기존에는 프로그램 초보자들이 생각 정리를 위해 먼저 플로우차트를 그린 다음 프로그램 코딩을 하기도 했습니다. 또한, 복잡한 코드를 플로우차트로 분석하면 쉽게 프로그램 구조를 이해할 수도 있습니다.

이번에는 아래와 같이 답을 했습니다.

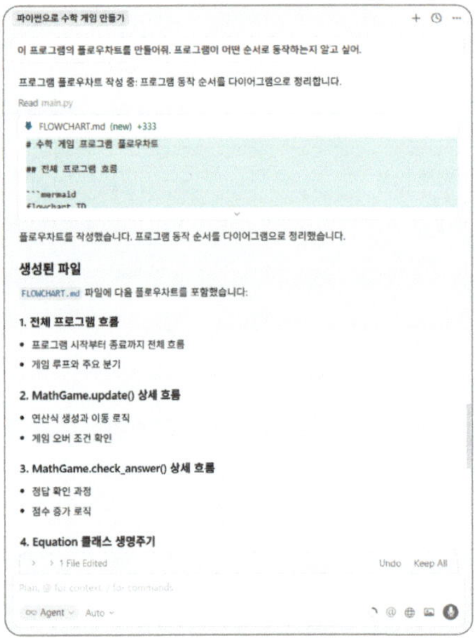

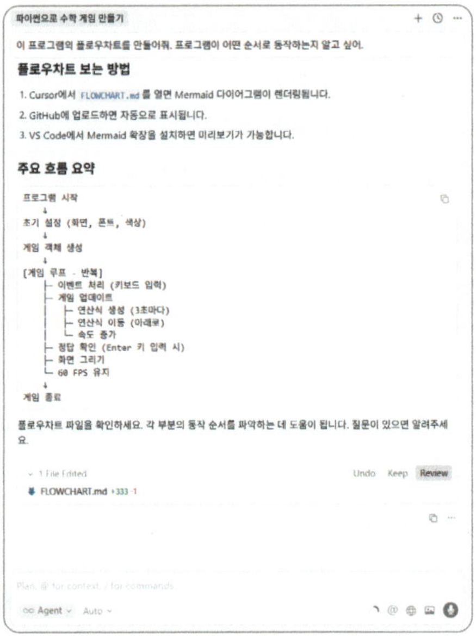

채팅창의 답 뿐만 아니라, 폴더에 'flowchart.md'라는 파일까지 만들어줬습니다. 이 플로차트는 'mermaid' 문법을 사용하여 표현한 전체 로직 흐름도입니다.

Mermaid는 다이어그램을 텍스트로 표현하는 문법입니다.

예시)

```
flowchart TD
  A[시작] --> B{비가 오나요?}
  B --> |예| C[우산 가져가기]
  B --> |아니오| D[그냥 나가기]
  C --> E[외출]
  D --> E
  E --> F[끝]
```

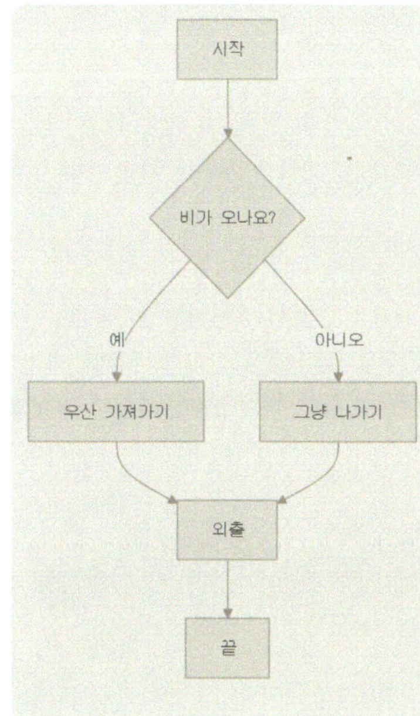

물론, 채팅창에 다음과 같이 입력하면, 텍스트로 그린 도형기반의 플로우차트도 볼 수 있습니다.

"도형기반의 플로우차트로도 만들어줘."

더 깊이 들여다보고 싶다면...

더 깊이 프로그램에 대한 공부를 하고 싶다면, 함수별로 자세한 설명을 요구하거나, 프로그램에서 사용한 변수에 대한 질문을 할 수도 있을 것입니다. 언제, 어떻게 함수가 호출되는지도 찾아볼 수 있을 것입니다.

하지만, 우리는 여기서 프로그램 분석의 맛만 보는걸로 만족하고, 바이브 코딩의 철학에 맞게 더 깊이 들어가지는 않도록 하겠습니다.

Hello
I'm VibeCoding

Let's talk, and make
code together

Start coding with your voice!

Part. 04

세 번째 프로그램

중복 파일 정리

말로 코딩을 시작해보세요!

1 내가 원하는 건 무엇인가?

노트북 용량 부족, 어떻게 해결할까?

얼마 전 저는 노트북을 사용하다가 "저장 공간이 부족합니다."라는 메시지를 보게 되었습니다. 512GB 용량의 노트북으로 사용한지 1년 정도 되었는데, 벌써 용량이 가득 찬 것입니다. 외장하드를 이용하거나 클라우드 저장소를 사용할 수도 있지만, 그 전에 필요 없는 파일들이 있는 것은 아닌지 확인해보고 싶었습니다.

파일 탐색기를 열어 이곳저곳을 살펴보니 흥미로운 것들을 발견했습니다.

- ✔ 다운로드 폴더에 같은 PDF 파일이 3개나 있었습니다.
- ✔ 사진 폴더에는 똑같은 사진이 여러 번 저장되어 있었습니다.
- ✔ 문서 폴더에는 OO보고서.hwp, OO보고서_최종.hwp, OO보고서_최최종.hwp 같은 파일들이 있었지만, 실제로는 내용이 똑같은 파일들이 많았습니다.
- ✔ 백업을 하면서 생긴 중복 파일들도 여기저기 흩어져 있었습니다.

그래서 이번에는 중복 파일을 자동으로 찾아주는 프로그램을 직접 만들어보기로 하겠습니다. 여러분도 비슷한 경험이 있으실 것 같으니, 함께 이 문제를 해결해봅시다!

프로그램을 만들기 전에 반드시 해야 할 일

이번에는 기본 프로그램을 만들고, 기능을 추가하는 방법이 아니라, 원하는 기능이 어떤 것인지 처음부터 정리해 보고, 그 내용을 Cursor에 요청하여 프로그램을 만들어 보려고 합니다.

왜 설계가 중요할까요?

이번 프로그램에서는 조금 깊게 고민해 보겠습니다. 전통적인 방식에서는 프로그램 설계가 매우 중요합니다. 바이브 코딩에서는 그 중요성이 다소 줄었습니다만, 그렇다 하더라도 설계에 대하여 언급할 필요가 있다고 생각합니다. 앞에서 제시한 프로그램 만들기 예시에서는 요구사항을 한줄로 정리하고 프로그램을 시작했습니다만, 이 장은 요구사항을 먼저 정리하고 AI에 전달하는 방법에 대하여 고민해 보도록 하겠습니다.

프로그램 요구사항 정리

요구사항이란 '내가 만들고 싶은 프로그램이 어떤 기능을 해야 하는지, 어떻게 작동해야 하는지를 구체적으로 정리한 것'입니다.

먼저 1단계에서 프로그램의 목적을 정리하고, 2단계에서 기능목록을 만들고, 마지막으로 화면구성을 하는 단계로 요구사항을 정리해 보도록 하겠습니다.

단계별 설계 과정

[1단계: 프로그램의 목적 정리]

가장 먼저 "왜 이 프로그램을 만드는가?"를 생각해봅시다. 저는 아래와 같이 정리해 보았습니다.

- ✔ 저장 공간을 효율적으로 관리하고 싶다.
- ✔ 컴퓨터에 있는 중복 파일들을 찾아서 정리하고 싶다.
- ✔ 불필요한 중복 파일은 삭제하고 싶다.

목적을 명확히 하면, 프로그램이 어떤 방향으로 가야 할지 감이 잡힙니다.

[2단계: 기능 목록 정리]

다음으로 이 프로그램의 기능을 정리해 보겠습니다. 이 프로그램은 어떤 기능을 가져야 할까요?

① 프로그램을 실행하면, 우선 어느 폴더의 파일을 검사할 것인지 정해야 합니다.

✔ 검색할 폴더 선택

② 다음은 파일을 검사하고, 중복 파일인지를 확인해야 합니다.

✔ 파일 검사 및 중복 파일 여부 검토(파일 내용 비교)

✔ 검사하는 진행상황 표시

③ 다음은 중복 파일의 목록이 표시되어야 합니다. 그래야 선별을 해서 정리(삭제) 할 수 있을것입니다.

✔ 중복파일 목록 표시(중복파일 정보 표시)

✔ 삭제할 파일 선택하기

✔ 선택한 파일 삭제하기(단, 윈도우 시스템 폴더안의 파일과 시스템 파일은 삭제하지 않을 것)

✔ 파일 검사 및 중복 파일 여부 검토(파일 내용 비교)

[3단계: 화면 구성하기]

화면은 어떻게 구성해야 할까요?

① 프로그램 화면 맨 위에는 어떤 폴더의 파일을 비교하는지 보여주는게 좋을 것 같습니다.

② 그 아래에는 검사 시작버튼과 검사하는 진행률이 보여주면 좋겠습니다.

③ 중복 파일 목록이 같은 그룹별로 표시되면 좋겠습니다. 파일의 이름과 크기가 표시되면 좋을 것 같습니다.

완성된 요구사항

이제 우리 프로그램의 요구사항을 정리해 봅시다.

구분	요구사항
목적	노트북의 저장공간을 효율적으로 관리하기 - 동일한 파일이 여러 곳에 저장된 것을 찾아 정리하기 - 불필요한 중복 파일을 안전하게 삭제하여 용량 확보하기
기능	- 검색할 폴더 선택 - 파일 검사 및 중복 파일 여부 검토(파일 내용 비교) - 검사하는 진행상황 표시 - 중복파일 목록 표시(중복파일 정보 표시) - 삭제할 파일 선택하기 - 선택한 파일을 삭제하기, 단, 윈도우 시스템 폴더안에 있거나, 시스템 파일인 경우에는 삭제금지 - 파일 검사 및 중복 파일 여부 검토(파일 내용 비교)
화면 구성	- 상단: 스캔할 폴더 선택 버튼과 경로 표시 - 중간 상단: 스캔 시작 버튼과 진행률 표시 - 중간: 중복 파일 목록 (그룹별로 표시) * 각 그룹: 동일한 피일들의 목록 * 파일 정보: 이름, 크기, 경로, 생성일자 * 체크박스: 삭제할 파일 선택용

2
중복파일을 찾아보자

앞서 우리는 중복 파일 찾기 프로그램의 설계도를 만들었습니다. 이제 그 설계도를 바탕으로 실제로 프로그램을 만들어볼 차례입니다. 마치 건축가가 설계도를 보고 집을 짓듯이, 우리도 AI와 함께 대화하며 프로그램을 완성해 보겠습니다.

바이브 코딩의 진짜 묘미를 느껴볼 수 있을 것입니다. AI와 어떻게 소통하며 문제를 풀어나가는지 함께 경험해보겠습니다.

Cursor에서 프로그램 요청하기

먼저 새 폴더를 만들어보겠습니다. 바탕화면의 'Programming' 폴더안에 'check'라는 폴더를 만들고, Cursor에서 File > Open Folder를 선택해서 이 폴더를 열어주세요.

다음은 Cursor의 Chat 기능(오른쪽 사이드바)을 클릭하고, 다음과 같이 프롬프트를 입력해보겠습니다:

> "파이썬으로 중복 파일을 찾아서, 삭제하는 프로그램을 만들어줘!
> 다음은 요구사항이야."

앞서 정리했던 요구사항을 아래와 같이 추가 입력합니다.

"① 프로그램의 목적
- 노트북의 저장공간을 효율적으로 관리하기
- 동일한 파일이 여러 곳에 저장된 것을 찾아 정리하기
- 불필요한 중복 파일을 안전하게 삭제하여 용량 확보하기

② 프로그램의 기능
- 검색할 폴더 선택
- 파일 검사 및 중복 파일 여부 검토(파일 내용 비교)
- 검사하는 진행상황 표시
- 중복파일 목록 표시(중복파일 정보 표시)
- 삭제할 파일 선택하기
- 선택한 파일을 삭제하기, 단, 윈도우 시스템 폴더안에 있거나, 시스템 파일인 경우에는 삭제금지
- 파일 검사 및 중복 파일 여부 검토(파일 내용 비교)

③ 화면 구성
- 상단: 스캔할 폴더 선택 버튼과 경로 표시
- 중간 상단: 스캔 시작 버튼과 진행률 표시
- 중간: 중복 파일 목록 (그룹별로 표시)
 * 각 그룹: 동일한 파일들의 목록
 * 파일 정보: 이름, 크기, 경로, 생성일자
 * 체크박스: 삭제할 파일 선택용"

이렇게 상세한 프롬프트를 작성하면, AI가 우리가 원하는 프로그램을 훨씬 정확하게 만들어줄 수 있습니다.

Cursor와 함께 프로그램 만들기

이번에는 Cursor가 제법 오랫동안 걸려서 답을 합니다.

먼저 전체 화면을 한번 보겠습니다.

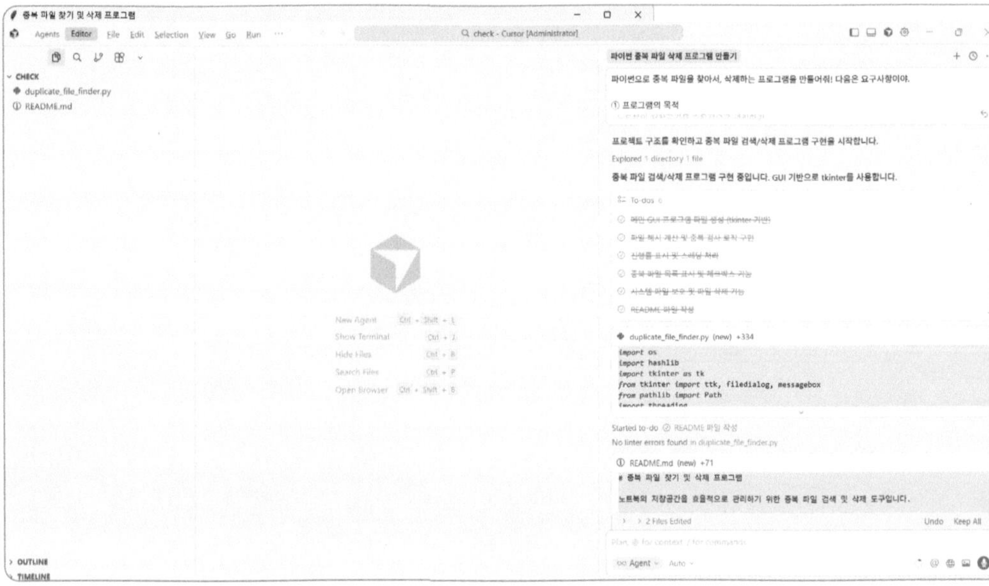

왼쪽의 사이드바를 보면, 이번에는 파일이 두 개가 생성되었습니다.

> 파일이 생성되는 개수는 사용자의 요구사항이 자세한지 아닌지가 아닙니다.
> 사용자의 요청에 대한 답변이 일정하지 않은 것은 LLM의 특성으로 인한 것입니다.
> 다시 한번 말씀드리지만, LLM은 확률적으로 답변을 생성합니다. 그래서, 어떤 경우에는 프로그램 소스파일을 여러 개로 만들기도 하고, 어떤 경우에는 라이브러리 설치를 위한 요구사항 파일과 README 파일을 만들기도 합니다.
> 이번에는 소스 코드 파일 하나와 README 파일을 만들었습니다.

채팅창을 자세히 확인해 보겠습니다.

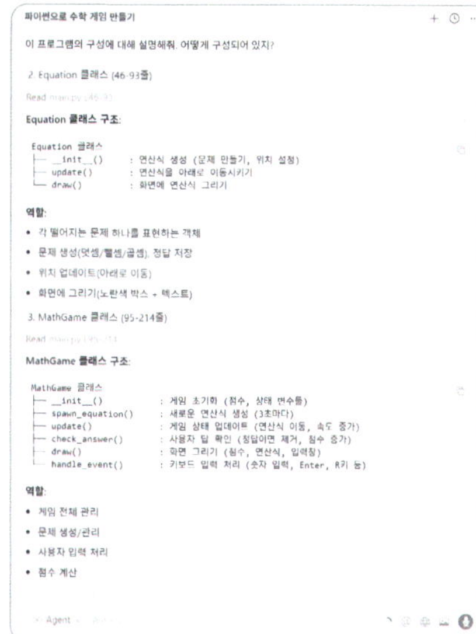

맨 처음에 Cursor는 할 일 목록(To-Do)을 작성하고 프로그램을 구현하고, README.md 파일을 작성하고, 사용방법과 맨 마지막에는 파일에 대한 승인을 위한 창이 있습니다.

저는 'Review'를 선택하는 대신, 'Keep'을 선택해서 파일을 저장한 다음, 이번에는 터미널을 열어서 바로 실행해보겠습니다.

(사실, 바이브 코딩에서는 프로그램 코드를 전혀 보지 않아도 프로그램을 실행할 수 있습니다.)

다음은 채팅창에서 설명한 실행방법을 복사해서 터미널 창에서 붙여넣기 후 바로 실행해보겠습니다.

다음은 프로그램 실행 결과입니다.

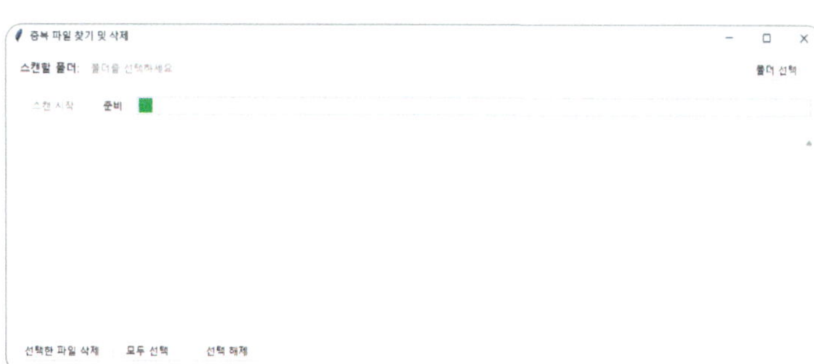

프로그램은 그럴듯해 보입니다.

자 그럼, '폴더 선택' 버튼을 눌러서 중복파일을 조사할 폴더를 선택(저는 다운로드 폴더를 선택하겠습니다.)하고 '스캔 시작' 버튼을 클릭해 보겠습니다.

녹색 네모가 스캔하듯이 좌우로 움직이다가 스캔이 완료되면, 다음과 같이 화면에 표시됩니다.

중복 그룹은 12개, 중복 파일은 모두 26개 발견되었다고 합니다.

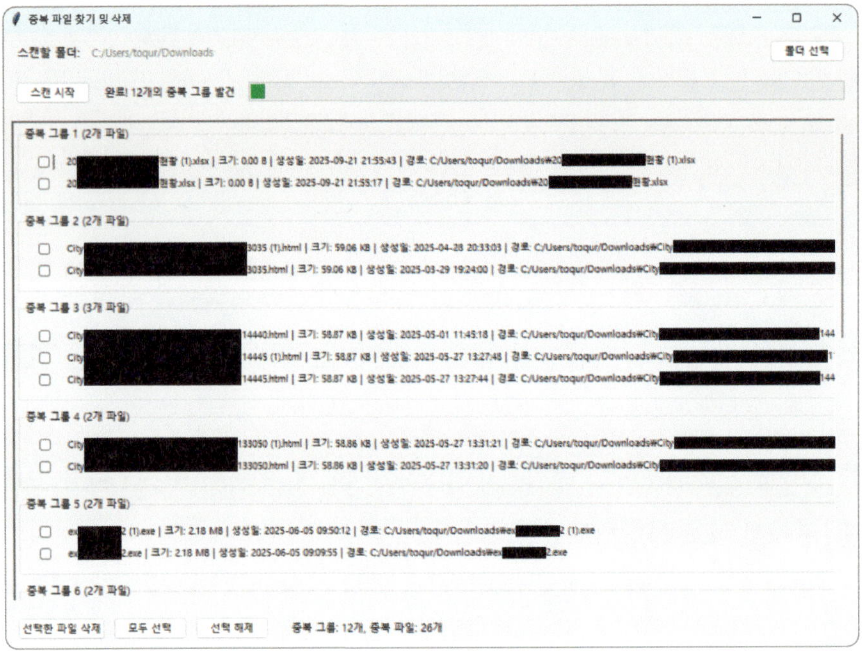

물론, 상용 프로그램과 비교하긴 어렵지만, 기능은 충실하게 구현되었습니다. 중복 파일 찾기도 잘 되고, 선택해서 삭제하는 것도 문제없이 작동합니다.

20~30분 정도 투자해서 이 정도 프로그램을 만들 수 있다면 나쁘지 않죠? 화면 배치를 좀 더 다듬어볼까 하는 생각도 들지만, 이번 장에서는 여기까지만 하겠습니다.

참고로 여러분이 Cursor에 똑같이 요청하더라도 저와는 조금 다른 UI가 나올 수 있습니다. 만약 프로그램 화면이 마음에 들지 않는다면, 채팅창에서 추가로 요청해서 수정하면 됩니다.

다만, 화면 조정이나 추가 수정은 '우수수' 게임의 기능개선을 할 때와 같이 Cursor

에게 요청하고 수정을 반복 개선하는 방법으로 수정할 수 있으므로 이번에는 다른 이야기를 해 볼까 합니다.

Python은 왜 매번 복잡하게 실행해야 할까?

지금까지 우리는 Cursor가 작성을 도와준 프로그램 소스 파일을 반드시 터미널 창을 열고,

python [파이썬 파일 이름]

이런식으로 실행했습니다.

하지만 컴퓨터를 사용하다보면 대부분의 프로그램은 바탕화면이나 프로그램 목록에서 아이콘을 더블클릭하는 것만으로도 실행됩니다. 메모장, 계산기, 크롬 브라우저 등 모든 프로그램이 그렇습니다. 그런데 왜 우리가 만든 파이썬 프로그램은 매번 복잡한 과정을 거쳐야 할까요?

이를 이해하기 위해서는 프로그래밍 언어의 동작 방식을 알아야 합니다. 프로그래밍 언어는 크게 두 가지 방식으로 나뉩니다.

인터프리터 언어 vs 컴파일 언어

① 인터프리터 언어 (Interpreter Language)

Python, JavaScript, Ruby 같은 언어들이 여기에 속합니다. 이들은 마치 실시간 통역사와 같습니다. 상상해보세요. 한국어만 할 줄 아는 사람이 영어로 된 요리책을 보고 요리를 해야 한다면?

옆에서 통역사가 한 줄씩 읽어주며 "이제 양파를 썰어주세요", "다음은 기름을 두르세요"라고 말해줘야 합니다.

파이썬도 마찬가지입니다. 컴퓨터는 파이썬 코드를 직접 이해할 수 없어서,

파이썬 인터프리터가 한 줄씩 읽어서 컴퓨터가 이해할 수 있는 언어로 번역해줍니다. 그래서 파이썬 프로그램을 실행하려면 반드시 파이썬 인터프리터(통역사)가 있어야 하는 것입니다.

② 컴파일 언어 (Compiled Language)

C++, C#, Go 같은 언어들은 다른 방식입니다. 이들은 미리 번역된 책과 같습니다. 영어 요리책을 한국어로 완전히 번역해서 새로운 한국어 요리책을 만들어놓는다고 생각해보세요. 그러면 한국어만 아는 사람도 통역사 없이 혼자서 요리를 할 수 있습니다.

컴파일 언어로 만든 프로그램은 이미 컴퓨터가 직접 이해할 수 있는 형태로 번역되어 있습니다. 그래서 .exe 파일을 더블클릭하기만 하면 바로 실행되는 것입니다.

③ 각 방식의 장단점

인터프리터 언어(Interpreter Language)와 컴파일 언어(Compiled Language) 각각의 장단점에 대해서 살펴보겠습니다.

구분	인터프리터 언어	컴파일 언어
장점	- 코드를 수정하면 바로 실행해볼 수 있어서 개발이 빠름 - 플랫폼에 관계없이 동일한 코드가 실행됨 - 배우기 쉽고 사용하기 편함	- 이미 번역된 상태라서 실행 속도가 빠름 - 독립적인 실행파일이라서 어디서든 실행 가능 - 소스 코드가 보호됨
단점	- 실행할 때마다 통역 과정이 필요해서 속도가 느림 - 해당 언어의 인터프리터가 설치되어 있어야 함 - 소스 코드가 그대로 노출됨	- 코드를 수정할 때마다 다시 컴파일해야 함 - 플랫폼별로 다른 실행파일을 만들어야 함 - 상대적으로 복잡함

Python도 실행파일로 만들 수 있을까?

좋은 소식은 파이썬도 실행파일로 만들 수 있다는 것입니다! 'PyInstaller'라는 도구를 사용하면 파이썬 프로그램을 .exe 파일로 변환할 수 있습니다.

이는 마치 통역기계를 요리책 안에 함께 넣어버리는 것과 같습니다. 실행파일 안에 파이썬 인터프리터와 필요한 모든 라이브러리를 함께 포장해서, 파이썬이 설치되지 않은 컴퓨터에서도 실행할 수 있게 만드는 것입니다.

PyInstaller 설치하고 실행파일 만들기

검색을 통해서도 설치방법을 알 수 있지만, 우리는 Cursor를 사용하고 있는 만큼, Cursor에 pyInstaller 설치방법을 물어봅시다.

Cursor의 채팅창에서 다음과 같이 입력했습니다.

(웹 브라우저를 열고 검색사이트를 통하여 검색한게 아닙니다.)

"PyInstaller을 설치하고 사용하는 방법을 알려줘!"

Cursor는 설치 및 사용방법을 설명해주고, 생성된 파일, 시작 가이드를 통해 실행파일을 만드는 방법에 대해 답변해 줍니다. 물론, 여러분들의 화면이 저와 정확하게 일치하지 않을 수 있습니다.

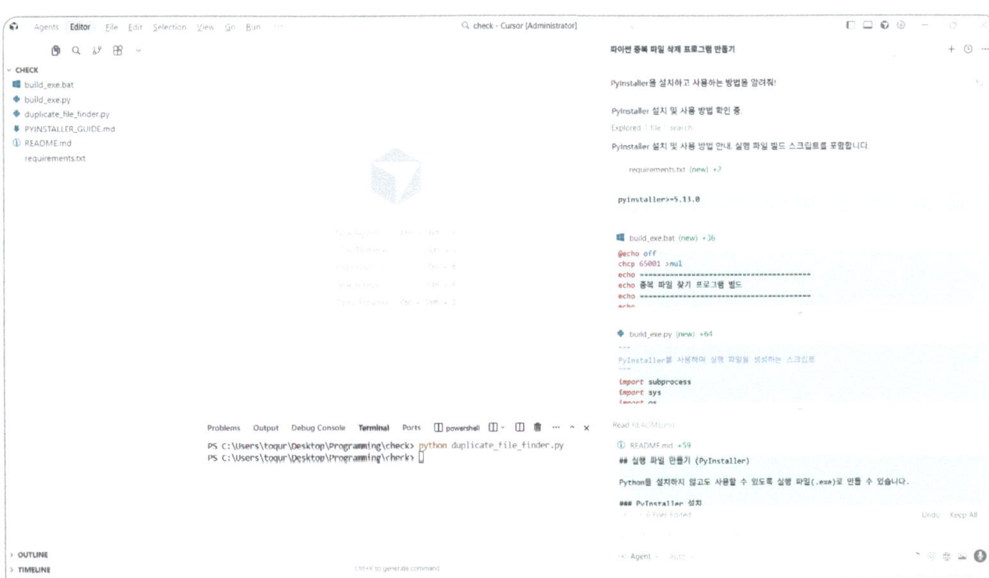

저는 Cursor의 답변에 따라, 'PyInstaller'를 설치하고, 실행 파일까지 만들어보도록 하겠습니다.

일단 답변을 확인해 보면, 파일을 몇 개 만드는 것으로 보입니다. (사이드 바에 몇 개의 파일이 추가되었습니다.)

채팅창의 맨 마지막을 확인하고, 파일을 모두 적용('Keep All')하였습니다.

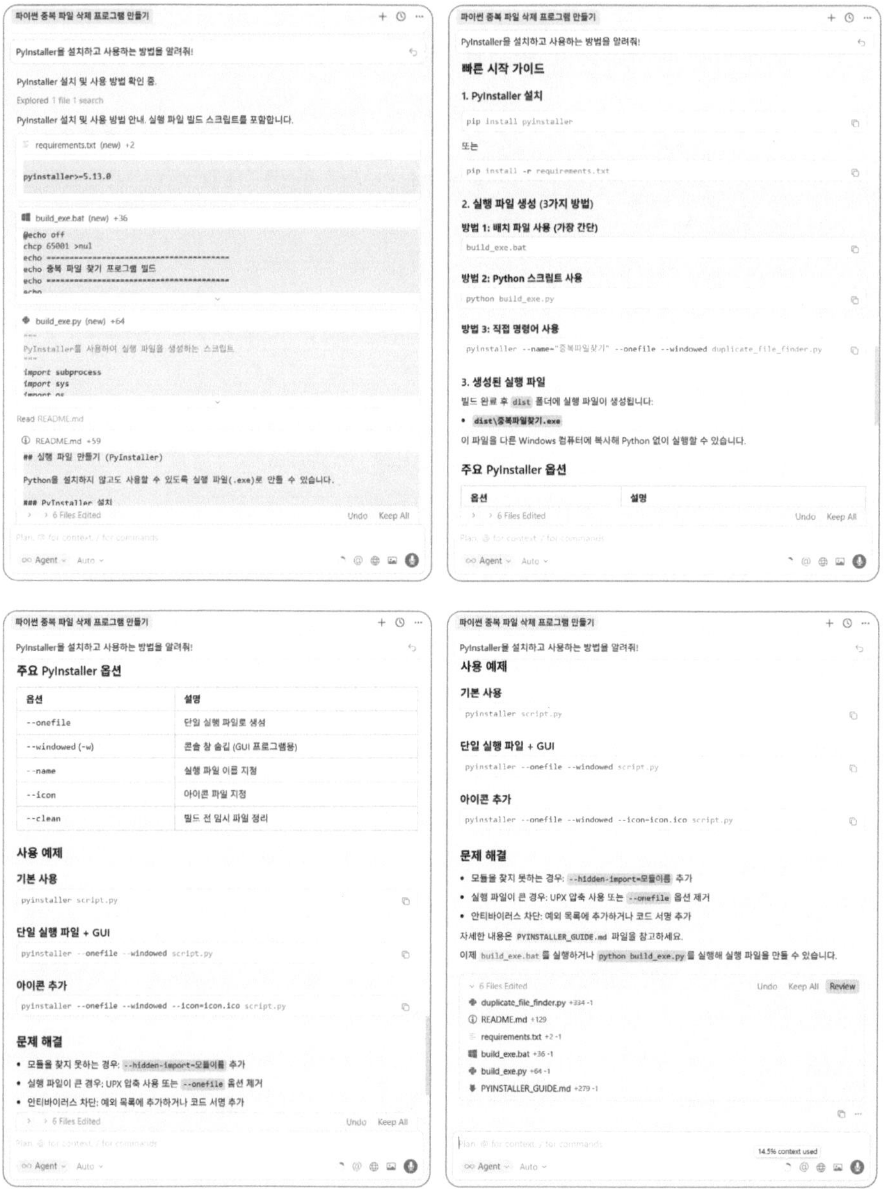

먼저 터미널 창을 열고, 'PyInstaller' 설치 명령어를 실행해 보겠습니다.

```
Problems   Output   Terminal   ...                                powershell
PS C:\Users\toqur\Desktop\Programming\check> pip install pyinstaller
Collecting pyinstaller
  Downloading pyinstaller-6.16.0-py3-none-win_amd64.whl.metadata (8.5 kB)
Collecting altgraph (from pyinstaller)
  Downloading altgraph-0.17.4-py2.py3-none-any.whl.metadata (7.3 kB)
Requirement already satisfied: packaging>=22.0 in c:\users\toqur\appdata\local\pr
ograms\python\python311\lib\site-packages (from pyinstaller) (25.0)
Collecting pefile!=2024.8.26,>=2022.5.30 (from pyinstaller)
  Downloading pefile-2023.2.7-py3-none-any.whl.metadata (1.4 kB)
Collecting pyinstaller-hooks-contrib>=2025.8 (from pyinstaller)
  Downloading pyinstaller_hooks_contrib-2025.9-py3-none-any.whl.metadata (16 kB)
Collecting pywin32-ctypes>=0.2.1 (from pyinstaller)
  Downloading pywin32_ctypes-0.2.3-py3-none-any.whl.metadata (3.9 kB)
Requirement already satisfied: setuptools>=42.0.0 in c:\users\toqur\appdata\local
\programs\python\python311\lib\site-packages (from pyinstaller) (65.5.0)
Downloading pyinstaller-6.16.0-py3-none-win_amd64.whl (1.4 MB)
   ━━━━━━━━━━━━━━━━━━━━━━━━━━━━━━━━━━━━━━━━ 1.4/1.4 MB 14.7 MB/s eta 0:00:00
Downloading pefile-2023.2.7-py3-none-any.whl (71 kB)
   ━━━━━━━━━━━━━━━━━━━━━━━━━━━━━━━━━━━━━━━━ 71.8/71.8 kB 3.8 MB/s eta 0:00:00
Downloading pyinstaller_hooks_contrib-2025.9-py3-none-any.whl (444 kB)
   ━━━━━━━━━━━━━━━━━━━━━━━━━━━━━━━━━━━━━━━━ 444.3/444.3 kB 9.2 MB/s eta 0:00:00
Downloading pywin32_ctypes-0.2.3-py3-none-any.whl (30 kB)
Downloading altgraph-0.17.4-py2.py3-none-any.whl (21 kB)
Installing collected packages: altgraph, pywin32-ctypes, pyinstaller-hooks-contri
b, pefile, pyinstaller
Successfully installed altgraph-0.17.4 pefile-2023.2.7 pyinstaller-6.16.0 pyinsta
ller-hooks-contrib-2025.9 pywin32-ctypes-0.2.3

[notice] A new release of pip is available: 24.0 -> 25.3
[notice] To update, run: python.exe -m pip install --upgrade pip
PS C:\Users\toqur\Desktop\Programming\check> 

                    Ctrl+K to generate command
```

명령어를 실행시키면, 뭔가 다운받는 것 같은 모습이 나오고, 설치가 잘 된 것 같습니다. (아랫쪽에는 pip를 업그레이드 하라는 메시지가 계속 나오는군요.)

다음은 실행 파일을 만들 차례입니다.

채팅창의 내용을 복사해서 터미널 창에 명령어를 붙여넣고 실행해보겠습니다.

```
Problems   Output   Terminal   ...                                powershell
PS C:\Users\toqur\Desktop\Programming\check> pyinstaller --name="중복파일찾기" --
onefile --windowed duplicate_file_finder.py
469 INFO: PyInstaller: 6.16.0, contrib hooks: 2025.9
469 INFO: Python: 3.11.9
491 INFO: Platform: Windows-10-10.0.26200-SP0
491 INFO: Python environment: C:\Users\toqur\AppData\Local\Programs\Python\Python
311
492 INFO: wrote C:\Users\toqur\Desktop\Programming\check\중복파일찾기.spec

                              ...

23307 INFO: Appending PKG archive to EXE
24151 INFO: Fixing EXE headers
24562 INFO: Building EXE from EXE-00.toc completed successfully.
24579 INFO: Build complete! The results are available in: C:\Users\toqur\Desktop\
Programming\check\dist
PS C:\Users\toqur\Desktop\Programming\check> 
                    Ctrl+K to generate command
```

그런데, 'pyinstaller --name="중복파일찾기" --onefile --windowed duplicate_file_finder.py'는 무슨 명령어일까요?

'pyinstaller'는 실행 파일을 만들기 위한 파이썬 프로그램이며, 뒤의 옵션은 다음과 같은 의미를 갖습니다.

구분	내용
--onefile	모든 필요한 파일들을 하나의 파일로 생성
--windowed	콘솔 창을 숨깁니다. (GUI 프로그램용)
--name	프로그램의 이름
--icon	아이콘 파일 지정

(채팅창에서 'pyinstaller'의 옵션에 대한 설명부분에 해당 내용이 포함되어 있으며, 검색을 통해서도 쉽게 확인할 수 있습니다.)

명령어가 실행되면, 우리가 작업한 'check'폴더의 하위 폴더로, 'dist'폴더가 생성되며, 그 폴더 안에 '중복파일찾기.exe' 파일이 생성됩니다. (설정에 따라 '중복파일찾기'라고만 보일 수도 있습니다.)

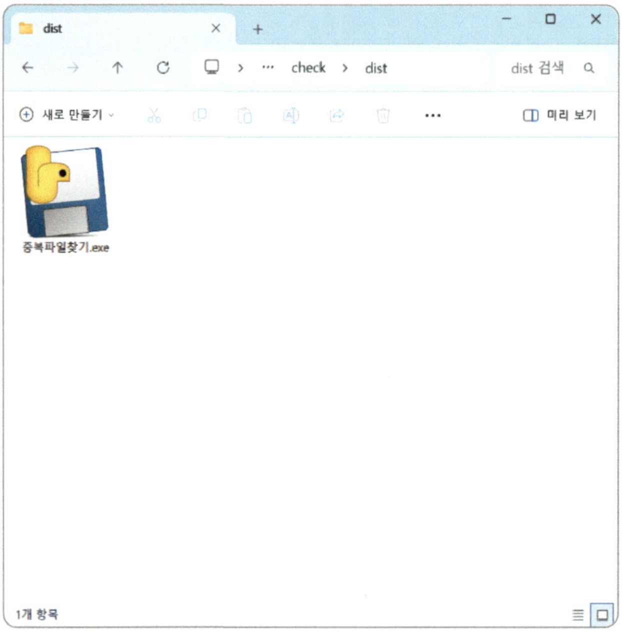

이 파일을 더블클릭으로 실행하면, 파이썬으로 우리가 만든 프로그램이 실행됩니다.

그런데, 아이콘이 아쉽네요. 현재 보이는 아이콘은 파이썬으로 실행파일을 만들면 기본적으로 추가되는 기본 아이콘입니다. 내가 만든 프로그램의 아이콘은 좀 달랐으면 하는 생각이 듭니다.

이번에는 아이콘을 추가해 보겠습니다.

아이콘을 추가 하자!

아이콘은 그림 파일(png, jpg 등) 프로그램이나, 웹 변환 사이트에서 변환하여 사용할 수도 있습니다. 그러나, 우리는 바이브 코딩을 공부하는 중이니, 아이콘을 만드는 'python' 프로그램을 만들어보겠습니다.

Cursor에서 File > Close Folder를 선택해서 현재 열려 있는 프로젝트를 닫고, 바탕화면의 'Programming' 폴더안에 'icon'으로 폴더를 만들고, Cursor에서 File > Open Folder를 선택해서 이 폴더를 열어보겠습니다.(지금까지 작업한 기존 폴더를 닫고, 새 작업 폴더를 열었습니다.)

다음은 Cursor의 채팅창에서 다음과 같이 프롬프트를 입력해보겠습니다:

> **"다음 요구사항을 만족하는 아이콘을 만드는 파이썬 코드를 만들어줘."**
> **<요구사항>**
> **- 32x32 픽셀 크기**
> **- 두 개의 파일이 겹쳐있는 모습으로 디자인**
> **- 파란색 계열의 색상 사용**
> **- .ico 형식으로 저장**
> **- 간단하고 명확한 디자인"**

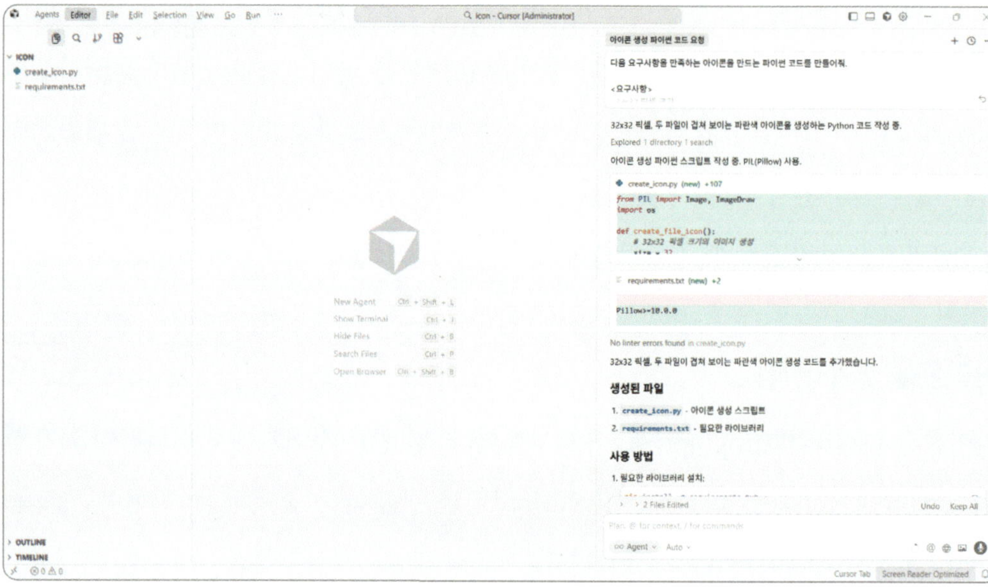

Cursor는 우리의 요청에 대해 필요한 파일을 만들고, 맨 아래쪽에서 생성한 파일에 대한 승인을 위한 창을 보여줍니다. 당연히 'Keep All'을 클릭하여 파일을 만들고, 안내에 따라 필요한 라이브러리를 설치하고, 소스코드를 실행해보겠습니다.

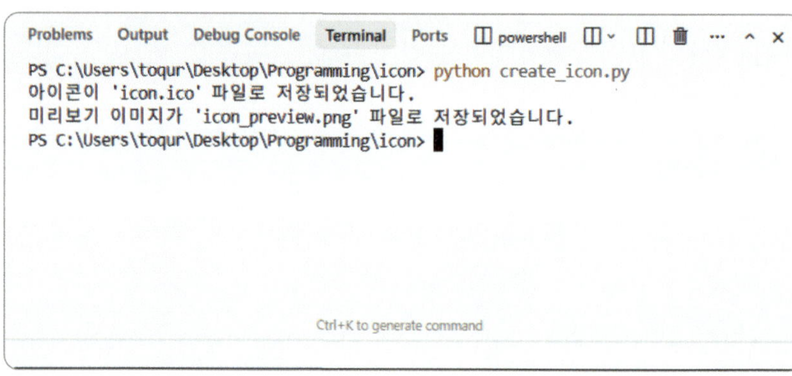

이제, 지금 만든 icon파일('icon.ico')을 중복파일찾기 폴더('check')로 복사해 붙여 넣고, 실행파일을 다시 만들어 보겠습니다.

아이콘을 포함한 실행파일 만들기

앞에서 실행파일을 만들 때, 사용했던 명령어는 이러했습니다.

'pyinstaller --name="중복파일찾기" --onefile --windowed duplicate_file_finder.py'

이 뒤에 '--icon=icon.ico'를 추가하도록 하겠습니다.

터미널 창을 열어서 다음의 명령어를 실행하면, 새로운 실행파일이 만들어집니다.

'pyinstaller --name="중복파일찾기" --onefile --windowed duplicate_file_finder.py —icon=icon.ico'

다시 만든 실행파일은 이런 모습입니다.

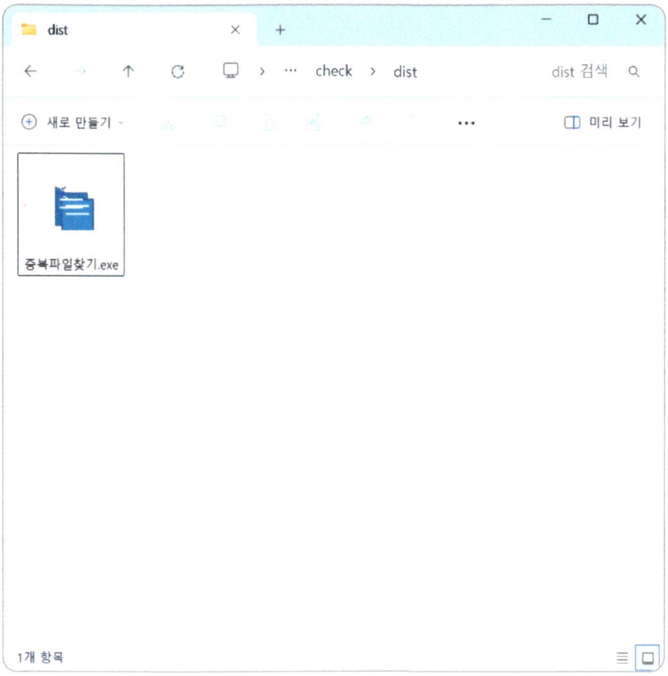

실행파일 테스트하기

이 파일을 더블클릭해서 실행해보세요! 터미널 창을 열거나 명령어를 입력할 필요 없이 바로 프로그램이 실행될 것입니다. 그런데, 파이썬 소스를 실행파일로 만드는 경우, 몇가지 문제가 발생할 수 있습니다.

① 문제 1: 실행파일 크기가 너무 크다 (50MB~100MB 이상)

이는 정상적인 현상입니다. 'PyInstaller'는 파이썬 인터프리터와 모든 필요한 라이브러리를 실행파일 안에 포함시키기 때문입니다. 생각해보면 우리가 앞서 비유한 '통역기계를 요리책 안에 넣는 것'과 같습니다. 통역기계(파이썬 인터프리터)와 사전(라이브러리들)을 모두 포함시키다 보니 크기가 커지는 것은 당연합니다.

② 문제 2: 실행 속도가 다소 느릴 수 있다.

실행파일을 처음 실행할 때 몇 초 정도 시간이 걸릴 수 있습니다. 이는 압축된 파일들을 임시 폴더에 풀어놓는 과정 때문입니다.

③ 문제 3: 간혹, 백신 프로그램이 의심스러운 파일로 인식하는 때도 있다.

가끔 백신 프로그램이 'PyInstaller'로 만든 실행파일을 의심스러운 파일로 인식할 수 있습니다. 이는 많은 악성코드가 'PyInstaller'를 사용해서 만들어지기 때문입니다.

④ 문제 4: 다른 컴퓨터에서 실행되지 않음

아주 드물게 다른 컴퓨터에서 실행 파일이 작동하지 않을 수 있습니다. 주요 원인은 Windows의 버전 차이나, Microsoft사의 공식 Visual C++ 재배포 패키지가 없기 때문일 수 있습니다. Visual C++의 재배포 패키지가 없는 경우에는 해당 정보를 찾아서 설치해 줘야 합니다.

(참고: Visual C++ 재배포 패키지는 Windows 프로그램이 실행되기 위해 필요한 공용 부품(파일)입니다. 검색을 통해서 Microsoft사의 공식 페이지에서 다운로드 받으시면 됩니다. 검색 키워드: "VC++ 재배포 가능 패키지 다운로드" (https://learn.microsoft.com/ko-KR/cpp/windows/latest- supported-vc-redist))

실행파일의 장점과 활용법

우리가 만든 실행 파일은 더블클릭만으로 실행할 수 있고, 배포도 편리해서, 다른 사람들과 공유가 쉬운 장점이 있습니다.

이제 여러분은 바이브 코딩을 통해 실행프로그램(어플리케이션)을 만들고, 다른 사람들에게도 쉽게 공유하는 방법을 알게 되었습니다.

다음 장에서는 조금 복잡한 프로그램을 만들어보도록 하겠습니다.

Hello
I'm VibeCoding

Let's talk, and make
code together

Start coding with your voice!

Part. 05

네 번째 프로그램

주식분석 프로그램

말로 코딩을 시작해보세요!

1
주식 정보 조회 프로그램을 만들자!

주식분석 프로그램, 무엇을 만들까?

여러분은 주식 투자를 해보신 적이 있나요? 주식 투자를 할 때 가장 기본적으로 보는 것이 바로 주가 차트입니다. 주가 차트는 시간에 따라 주식 가격이 어떻게 변했는지를 보여주는 그래프입니다.

예를 들어, 삼성전자 주식을 사고 싶다면 삼성전자의 주가가 최근 1년간 어떻게 변했는지 궁금할 겁니다. 올라가는 추세인지, 내려가는 추세인지, 아니면 횡보(비슷한 가격을 유지)하고 있는지 말이죠.

이번에는 이런 프로그램을 만들어 보겠습니다.

- ✔ 사용자가 궁금한 종목의 코드를 입력합니다.
- ✔ 프로그램이 인터넷에서 그 종목의 최근 1년간 주가정보를 가져옵니다.
- ✔ 가져온 정보를 그래프로 그려서 보여줍니다.

자 그럼 시작해 볼까요?

먼저 새 폴더를 만들어보겠습니다. 이번에는 'Programming' 폴더안에 'stock'이라는 폴더를 만들고, Cursor에서 File > Open Folder를 선택해서 이 폴더를 열어주세요.

다음 채팅창에서 이렇게 시작해 보겠습니다.

"주식코드를 입력받으면 인터넷에서 주식정보를 찾아서 그래프를 그려주는 프로그램을 만들어줘"

- 이번에는 요구사항에 대하여 '간단'하게 정리하고 화면구성 등에 대하여 별도 요청하지 않았습니다.
- 다만, 이 장의 끝까지 함께 하신 다음에는 이 장에서 만든 프로그램에 대하여 요구사항을 꼼꼼하게 정리하신 다음 프로그램 개발을 진행해 보시면 좋은 비교가 되리라 생각합니다.

채팅창을 맨 위로 올려보면, 이번에는 To-Do 목록이 보이지 않습니다.

대신, 주식코드 입력 → 데이터 조회 → 그래프 표시 프로그램을 구현하겠다는 메시지가 보입니다.

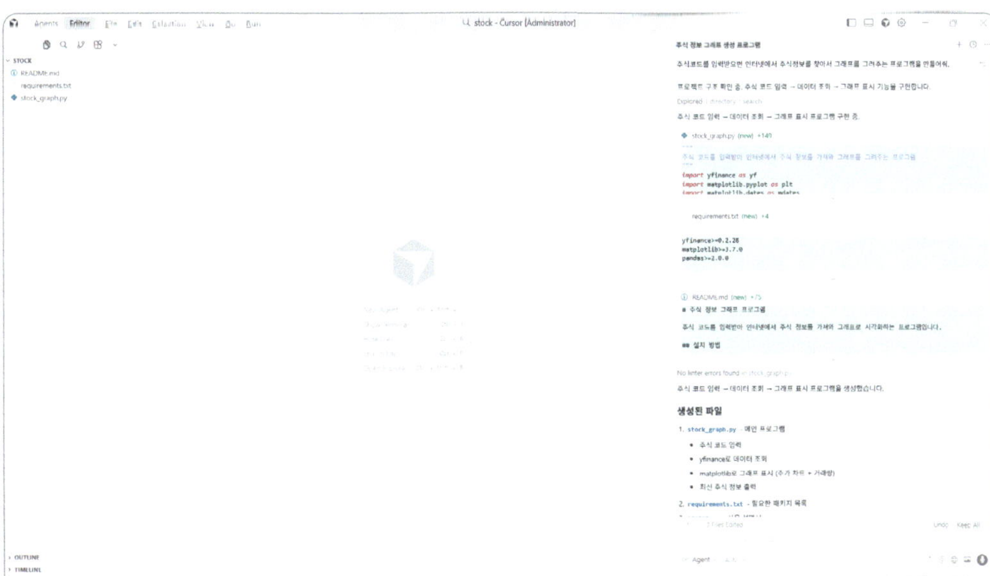

조금 아래를 보면, 생성한 파일 3개에 대한 설명이 보입니다. 'stock_graph.py', 'requirements.txt', 'README.md' 파일을 만들었군요.

사용방법에서는 프로그램 관련 라이브러리를 설치하고, 실행하는 방법을 설명하고, 주요기능과 맨 마지막에는 파일에 대한 정보와 작업한 사항에 관한 결정을 위한 창이 있습니다.

저는 당연히 'Keep All'을 선택하겠습니다.

이번에는 바로 콘솔창을 열어서 실행하기 전에, 프로그램을 위해 필요한 라이브러리가 어떤 것이 있는지 한번 확인해 보겠습니다.

아시다시피 'requirements.txt'에 프로그램 구동을 위한 라이브러리 목록이 작성되어 있습니다.

사이드바에서 'requirements.txt'파일을 선택하면 편집 창에 내용이 보입니다.

이 프로그램을 위해서는 3개의 라이브러리 설치가 필요하군요.

처음 블록스 게임을 만들 때에는 'requirements.txt'파일에 'pygame== 2.5.2'라는 한 줄만 있었고, 프로그램 실행을 위해 pygame이라는 라이브러리 2.5.2의 설치가 필요하다는 뜻이란 것을 말씀드렸었습니다.

지금 이 파일을 보면, 모두 3개의 라이브러리가 필요하다는 것을 알 수 있습니다.

Cursor를 통해 프로그래밍을 하다보면, 이렇게 프로그램 동작에 필요한 라이브러리를 Cursor가 정리해줍니다만, 전에는 개발자들이 자신이 개발하려는 프로그램에서 필요한 라이브러리를 하나씩 찾아야 했습니다.

어떤 라이브러리가 있는지, 어떤 기능이 있는지를 아는 것도 개발자의 중요한 역량 가운데 하나였습니다.

그러나, 바이브 코딩으로 AI가 도와주는 코딩 환경에서는 우리가 이 모든 라이브러리에 대하여 예전처럼 기억할 필요는 없습니다.

다만, 여기서는 인터넷을 이용하는 첫 번째 프로그램이니, 우리가 사용할 라이브러리가 어떤 것인지 한번 정리해 보겠습니다.

먼저, 'yfinance' 라이브러리는 미국의 인터넷 포털기업인 'Yahoo'에서 제공하는 전 세계 금융정보를 파이썬으로 쉽게 가져올 수 있도록 도와주는 라이브러리입니다. 전 세계의 주식, ETF, 지수, 암호화폐 등의 과거 및 현재 주가를 쉽게 내려받을 수 있습니다.

그런데 한 가지 알아둘 게 있습니다. 'yfinance'는 'Yahoo'에서 공식적으로 제공하는 라이브러리가 아닙니다. 개인 개발자가 만든 공개용 라이브러리로, 'Yahoo' 금융 사이트에 접속해서 데이터를 읽어오는 방식입니다.

따라서 너무 많은 데이터를 한꺼번에 요청하면 'Yahoo' 서버에 부담을 주고, 최악의 경우 우리의 접속이 차단될 수도 있습니다.

(어느 정도가 '너무 많은 데이터'인지는 사실 알 수 없습니다.

제 경험으로는 1분에 5개 종목의 1년치 자료요청을 하는 것은 큰 무리가 없었습니다. 다만, 저는 일반적으로 매번 네트워크를 통해서 자료를 요청하는 것 보다, 처음 한 번만 자료를 요청하고, 컴퓨터에 저장하여 이용하는 방법을 더 좋아합니다.

프로그램이 처음 실행할 때, 우선 내 컴퓨터안의 자료를 찾아보고, 자료가 없는 경우에만 인터넷을 통해 요청하는 방식으로 작성하면, 서버의 부담도 줄이고, 반복적인 자료 요구 없이 더 빠르게 프로그램을 실행할 수 있습니다.)

'matplotlib'는 그래프를 그리는 라이브러리입니다. 요구사항에 따라 그래프를 그리는 데 필요한 것으로 보입니다.

'pandas'는 데이터를 표 형태로 다루는 라이브러리입니다. Cursor는 'yfinance' 라이브러리에서 데이터를 받아서, 'pandas'로 주가 정보를 정리하려는 것 같습니다.

자 그럼, 다시 설치과정으로 돌아가서, 채팅창의 과정을 차례대로 진행하겠습니다.

첫 번째 단계인 라이브러리 설치를 마치고, 두번째 단계인 프로그램의 실행을 해 보겠습니다.

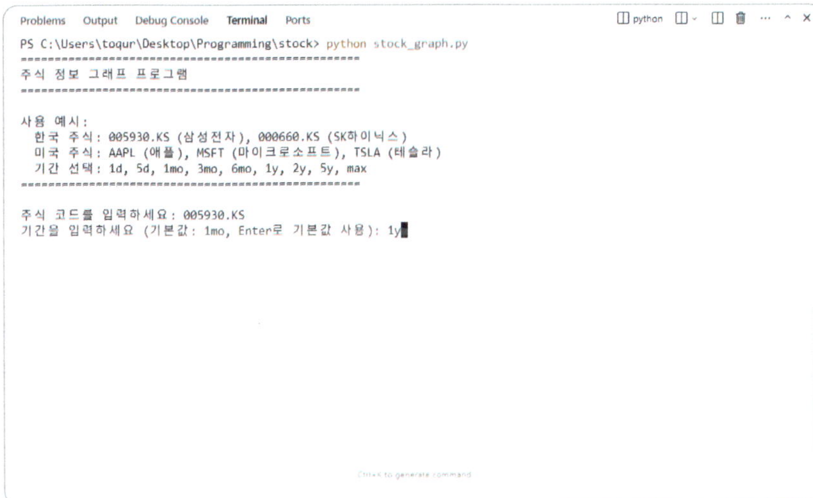

삼성전자의 주식 코드(005930.KS)와 기간을 '1y'(1년)으로 입력했습니다.

잠시후, 다음과 같은 그래프가 나타납니다.

우리가 보던 주가 그래프와는 다소 다르고, 한글도 제대로 표시되지 않았지만, 아래에 거래량도 보이고 그래프는 제대로 그려진 것 같습니다.

이번에는 채팅창에 다음과 같이 입력해봤습니다.

"주식정보 그래프니까 캔들형 그래프로 수정해줘. 그리고, 한글도 제대로 표시되지 않는데 수정해줘"

Cursor가 캔들 차트로 변경하고 한글 폰트 설정을 추가합니다.

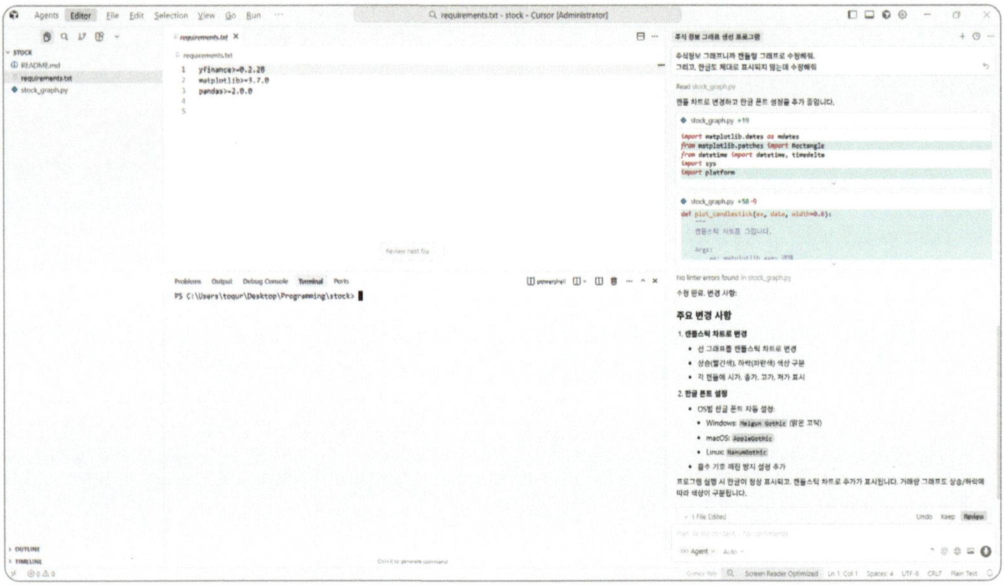

채팅창 마지막 부분의 파일 변경을 승인('Keep')하고, 프로그램을 실행했더니 이런 화면이 나왔습니다.

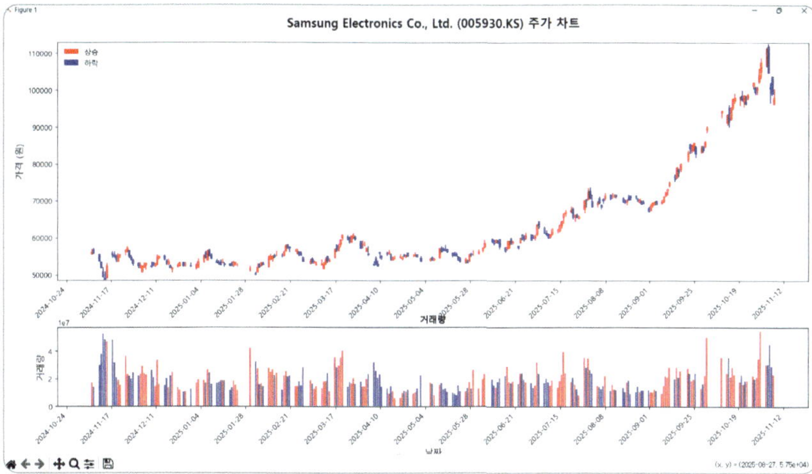

Cursor에 두 번 정도 요청해서, 이렇게 그래프를 볼 수 있다니, 이 정도면 그리 나쁘지 않은 것 같습니다.

이번에는 Cursor에 5일 종가 이동 평균선과, 20일 종가 이동 평균선을 추가해 달라고 요청했습니다.

> **"그래프에 5일 종가 이동평균선을 주황색 점선으로, 20일 종가 이동평균선을 빨간색 점선으로 추가해줘"**

다음은 이동평균선이 추가된 모습입니다.

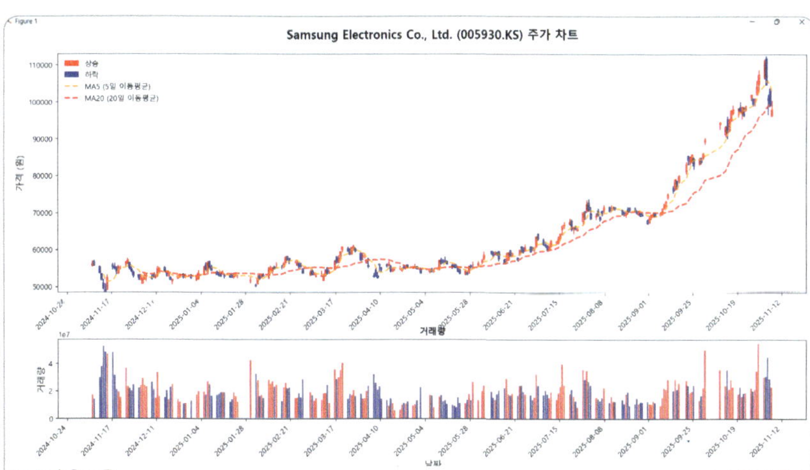

이제 좀 그럴듯해 보입니다.

혹시, 볼린저 밴드를 아시나요?

볼린저 밴드는 기술적 분석에 사용되는 보조지표로서, 가격의 변동성을 시각화하여 과매수 혹은 과매도 상태를 판단하는 데 도움을 줍니다. 이번에는 볼린저밴드를 그려달라고 요청해보겠습니다.

다음 화면은 현재까지 만든 프로그램으로 그린 최근 1년간의 삼성전자 주가의 그래프입니다.

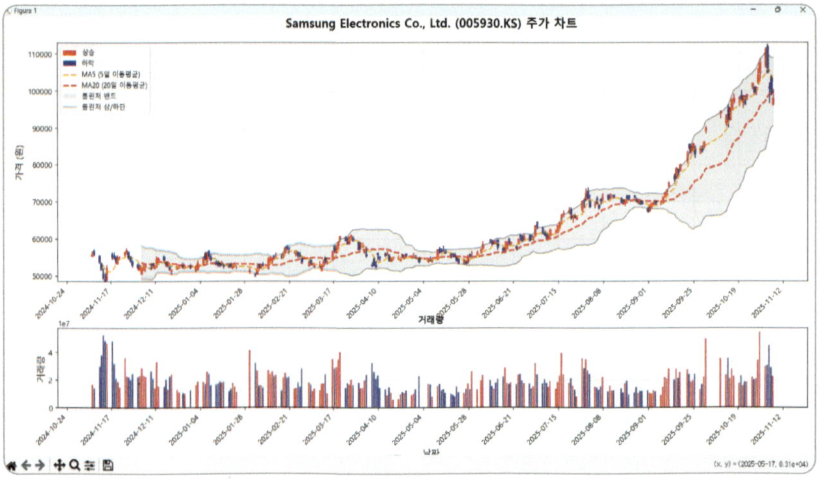

축하합니다! 이제 여러분은 주가 그래프 조회 프로그램을 만들었습니다.

이번에는 Cursor에 기초 프로그램을 요청하고 완성된 프로그램을 조금씩 개선해 나가면서 하나씩 원하는 기능을 추가했습니다. 사실 진정한 바이브 코딩은 이런식으로 프로그래밍 언어를 전혀 몰라도 원하는 기능을 하나씩 추가하면서 프로그램을 만드는 것을 가능하게 하는 방식입니다.

제가 추가한 이동평균선과 볼린저 밴드 이외에도 주식에 대하여 잘 아시는 분들은 더 많은 보조지표를 추가해 본인만의 분석 프로그램을 만드실 수 있을 것입니다.

2

(심화) 주식 시뮬레이션 프로그램 만들기

이번 섹션에서는 앞서 만든 주가 조회 프로그램을 한 단계 발전시켜 보겠습니다.

기존 프로그램에서 시작하기

먼저 Cursor를 열고 이전에 만든 주가 조회 프로그램을 불러옵니다.

주가 정보를 파일로 저장하기

앞서 언급했듯이, 반복적인 주가 정보 요청은 비정상적인 트래픽이나 네트워크 공격으로 간주될 수 있습니다. 이를 방지하기 위해 정보를 파일로 저장해 두고, 데이터가 없을 때만 요청하도록 수정하겠습니다.

> "주가 정보를 파일로 저장하고 파일이 없을 때만 다운받도록 수정해줘"

Cursor의 답변이 마무리 된 다음, 이번에는 프로그램 소스코드를 편집 창에 열었습니다.

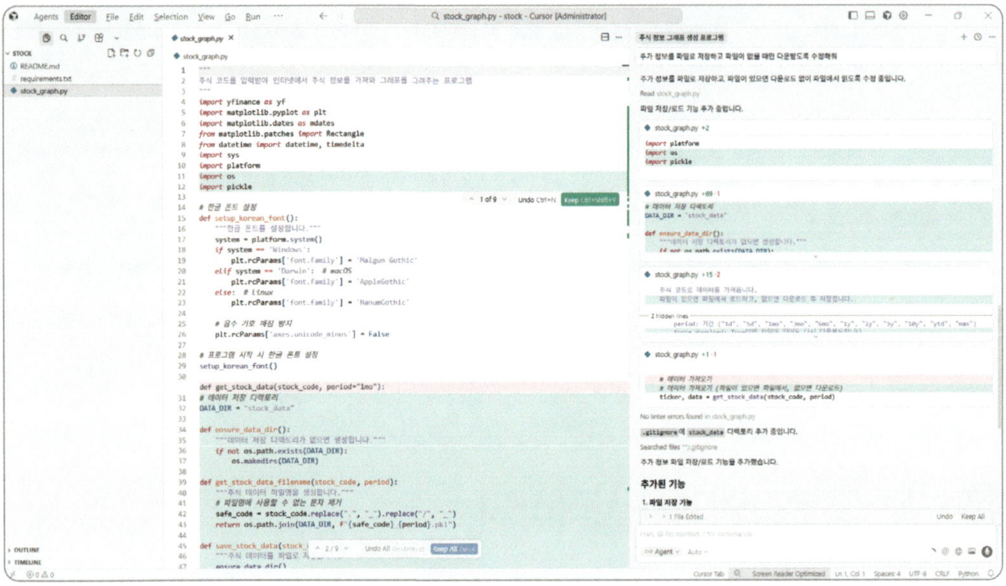

편집 창을 확인해 보니 총 9곳이 수정되었습니다. 추가된 부분은 연한 초록색, 삭제된 부분은 연한 분홍색으로 표시됩니다.

코드를 공부하는 입장이라면 변경 사항을 하나씩 대조해 보는 것이 좋겠지만, 여기서는 '전체 반영(Keep All)'을 선택하겠습니다.

채팅창 하단에서 추가된 기능과 동작 방식, 파일 구조를 확인할 수 있습니다.

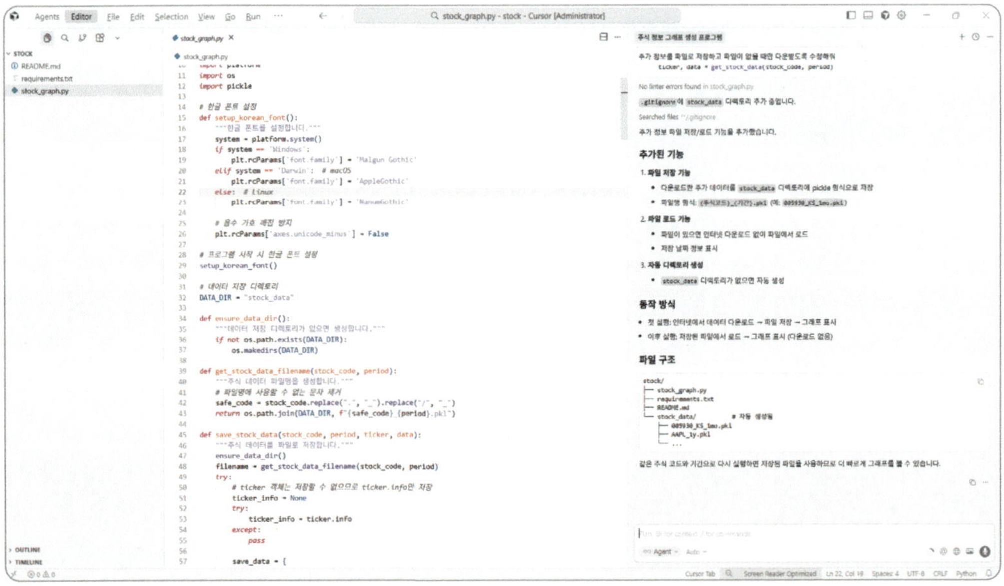

채팅창의 파일 구조를 보니 파일 관리 기능이 제대로 반영된 것 같습니다. 정보를 파일로 저장해 두었다가 필요할 때 불러오는 방식으로, 불필요한 네트워크 요청을 최소화하도록 수정하였습니다.

사실, 네트워크의 부하를 줄이고, 서버에 무리가 가지 않게 하려면, AI에게 지시를 내리는 사람이 먼저 이 점을 고려해야 합니다. 바이브 코딩으로 프로그램을 작성할 때, 아직은 AI가 네트워크 효율이나 시스템의 안정성까지 스스로 고려하지는 못하기 때문입니다.

시뮬레이션 기능 추가

다음은 시뮬레이션 기능을 추가해 보겠습니다.

그 전에, 콘솔에서 주식 코드와 조회 기간을 입력하는 것을 수정하고 싶습니다. 그래서 다음과 같이 요청을 하겠습니다.

> "프로그램은 윈도우 프로그램으로 동작하게 만들어줘.
> 프로그램을 실행하면, 주식 코드 입력 칸에서 코드 정보를 입력받아서
> 주가 정보 그래프를 그리고, 단기 이동평균선과 장기 이동평균선의
> 날짜를 입력받아서 골든 크로스(단기선이 장기선을 상향 돌파)일 때,
> 매수하고, 데드 크로스(단기선이 장기선을 하향 돌파)일 때 매도하는
> 시뮬레이션 기능을 추가해줘.
> 시뮬레이션 할 때는 주가 정보 그래프 위에 매매 시점을 표시해줘."

이번에는 한 번에 다소 많은 요구사항을 전달했습니다.

그래서인지 이번에는 Cursor가 제법 오랫동안 작업을 했습니다.

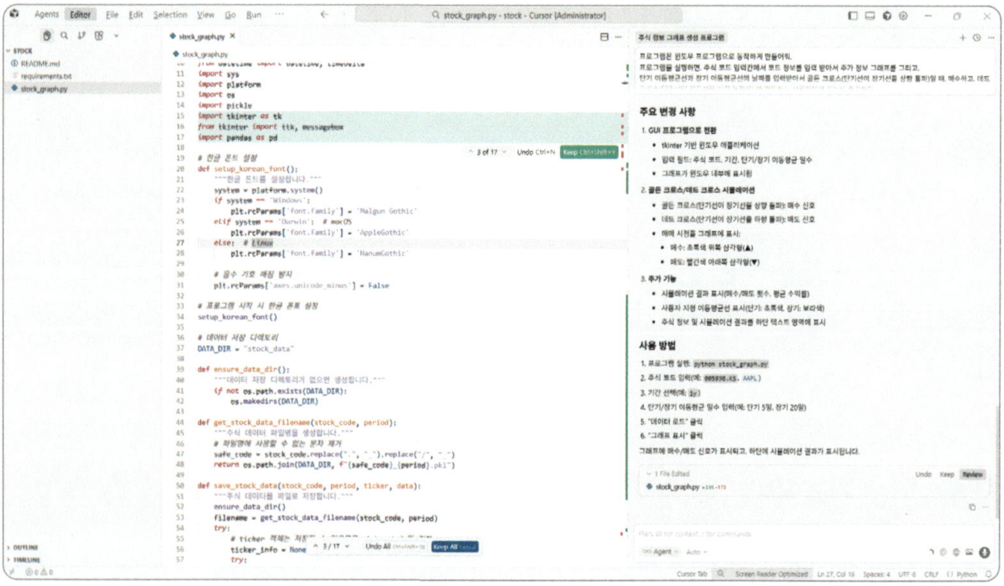

그럼 실행해 보겠습니다. 다음은 프로그램 첫 화면입니다.

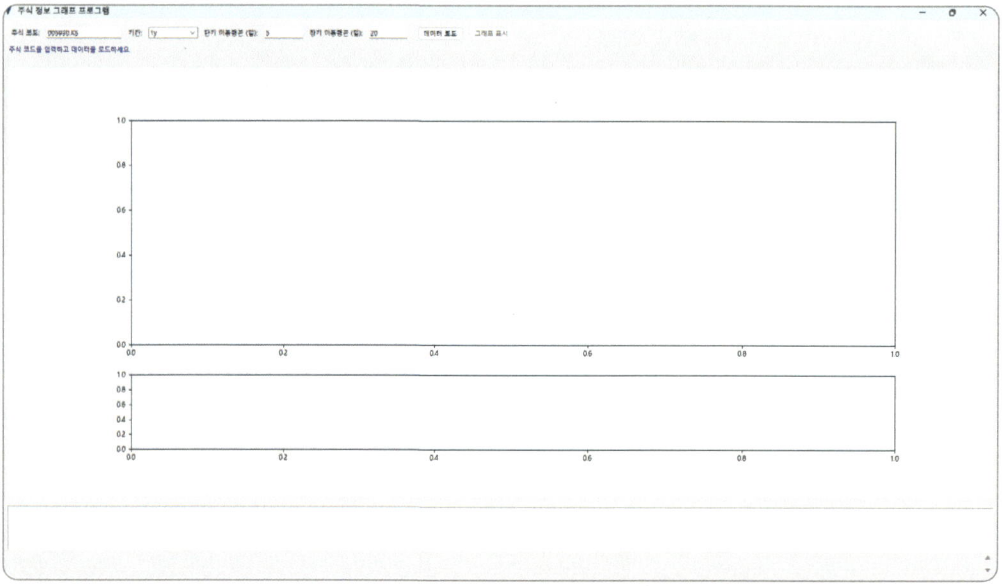

주식 코드에는 삼성전자의 주가 코드'005930.KS'가 초기값으로 입력되어 있고, 기간은 '1y'으로 되어 있습니다.

'데이터 로드'버튼과 '그래프 표시' 버튼을 차례로 클릭했습니다.

시뮬레이션을 한 것 같기는 한데, 매매 내역을 알 수가 없습니다.

조금 더 바꿔보겠습니다.

"1. 프로그램 윗부분에는 종목코드 입력창, 시뮬레이션을 위한 단기 이동평균선, 장기 이동평균선 날짜를 입력하는 창, 시뮬레이션 실행 버튼을 만들고,(데이터 로드 버튼은 삭제)

2. 가운데에는 최근 1년간의 주가 정보 그래프에 시뮬레이션의 매매시점 정보를 포함해서 그려줘. (시뮬레이션 버튼을 누르면, 자료를 조회해서 그래프를 그려줘)

3. 시뮬레이션 매매정보는 프로그램의 오른쪽으로 위치를 옮겨서 매매 내역을 볼 수 있도록 해줘

4. 시뮬레이션 매매정보 마지막에는 총 매수, 매도 횟수와 금액, 수익률을 보여줘"

화면 배치를 재구성하고 시뮬레이션 기능을 개선하겠다는 메시지가 나오고, 이번에도 꽤 오랫동안 작업을 했습니다.

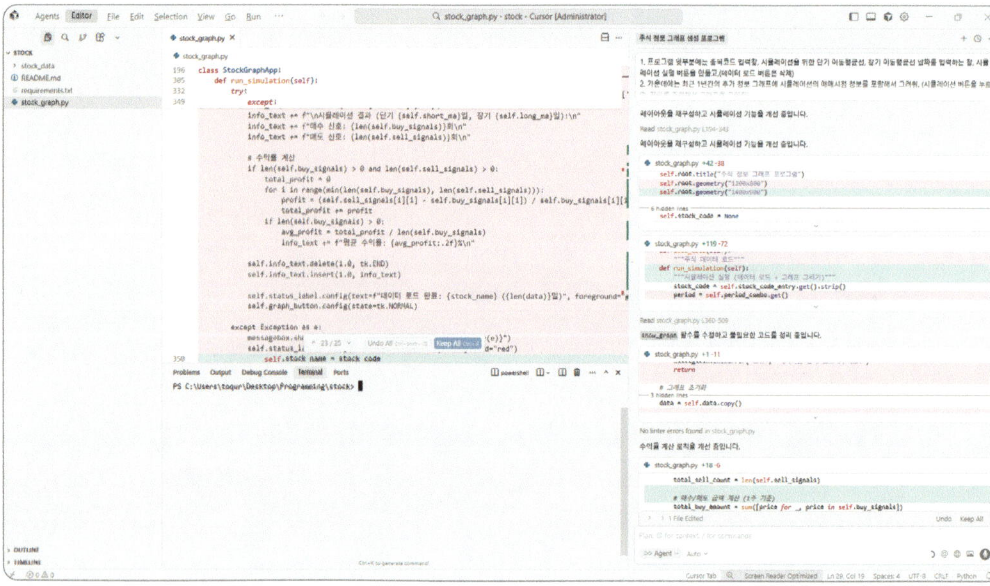

다음은 실행화면입니다.

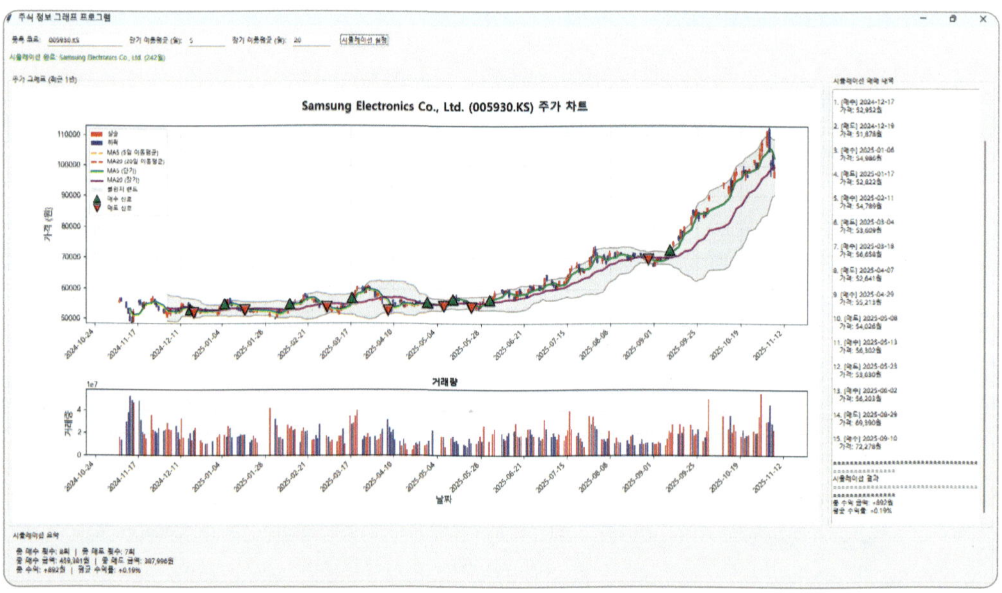

수익률을 보니, 시뮬레이션을 1주만 매매 한 것으로 보입니다.

여기에 초기 자본금을 같이 입력하는 기능을 추가하면 더 좋겠습니다.

또한, 시뮬레이션 기간도 직접 설정할 수 있다면 시장이 좋지 않았을 때의 성과도 파악할 수 있어 보다 더 유용할 것입니다.

아울러 다른 지표(RSI, MACD, Stochastic 등의 지표)를 추가하여 전략을 시뮬레이션해 보는 것도 좋은 아이디어입니다.

다만, 저는 이런 아이디어의 구현은 하지 않겠습니다.

바이브 코딩의 두 가지 접근법: 언제 어떤 방식을 써야 할까?

이번 장을 통해 우리는 바이브 코딩의 두 가지 다른 접근법을 확실하게 경험했습니다. 이 차이점을 명확히 이해하는 것이 중요합니다.

첫 번째 방식: 설계 우선 접근법

중복파일 제거프로그램을 만들 때 사용했던 방식입니다:

- ✔ 프로그램 설계 템플릿을 먼저 작성
- ✔ 목적, 입출력, 화면 구성, 동작 방법을 명확히 정의
- ✔ AI에게 완성된 요구사항을 한 번에 전달
- ✔ 체계적이고 안정적인 결과물 확보

두 번째 방식: 점진적 확장 접근법 (매매 시뮬레이션 프로그램)

이번 장에서 사용한 개발 방식입니다:

- ✔ 한줄 요구사항으로 프로그램 시작
- ✔ 간단한 프로그램을 완성
- ✔ 대화를 통해 필요한 기능을 하나씩 추가
- ✔ 문제가 생기면 즉시 해결하면서 진행
- ✔ 자연스러운 발전과 개선

두 방식의 장·단점을 비교하면 아래와 같습니다.

구분	설계 우선 접근법	점진적 확장 접근법
장점	- 전체적인 구조가 명확하고 일관성 있음 - 놓치는 기능이 적음 - 초보자도 체계적으로 접근 가능	- 유연하고 창의적인 개발 가능 - 프로그램을 테스트해 보면서 필요한 기능 발견·추가 - 더 자연스러운 개발 흐름
단점	- 처음부터 모든 것을 계획하기 어려움 - 중간에 아이디어가 떠올라도 적용하기 복잡함 - 창의적인 발전이 제한될 수 있음	- 프로그램의 전체 구조가 복잡해질 수 있음 - 초보자는 무엇을 원하는지 알지 못할 수도 있음 - 예상보다 시간이 오래 걸릴 수 있음

어떤 상황에 어떤 방식을 써야 할까?

어떤 방식으로 프로그램을 개발할지에 대한 정답은 없습니다.

다만, 제 경험상 명확한 요구사항이 있는 경우에는 설계를 우선하는 방법이 더 빠르게 프로그램을 개발할 수 있었고, 그렇지 않았을 때 점진적인 확장 방법이 더 좋았던 기억이 있습니다. 특히, 아이디어를 빠르게 구현하고, 추가적인 기능을 구현하여 발전시켜 나가는 것이 오히려 원하는 결과를 얻는 방법이기도 하였습니다.

저는 여러분이 다양한 프로그램을 개발해 보면서, 어떤 방법을 사용하는 것이 더 좋은지 직접 선택하시기를 추천해 드립니다.

Hello
I’m VibeCoding

Let’s talk, and make code together

Start coding with your voice!

Part. 06

다섯 번째, 프로그램의 세계

다른 방법으로 바이브 코딩 맛보기

말로 코딩을 시작해보세요!

1

Claude와 함께 하는 바이브 코딩

바이브 코딩의 새로운 접근법

지금까지 우리는 주로 Cursor라는 개발 도구를 사용해서 프로그램을 만들어왔습니다. 하지만 바이브 코딩이라는 것이 꼭 Cursor로만 해야 하는 것은 아닙니다.

바이브 코딩의 핵심은 AI와 대화하며 자연스럽게 코딩하는 것입니다. 우리가 Cursor를 이용한 이유는 Cursor에서 LLM과의 연동을 자연스럽게 구성하여 LLM과 이야기하는지도 모르는 상황에서 프로그램을 아주 잘 구현할 수 있게 지원했기 때문입니다.

그러나 Cursor 외에 다양한 AI 모델(LLM)에서 직접 코딩을 요청해도 됩니다. 물론, 이럴 때도 필요한 라이브러리가 어떤게 있는지 어떻게 설치하는지에 대하여 AI의 도움을 받아야 하고, 파일을 복사해서 저장하고 실행하는데 다소 번거로울 수도 있습니다.

이번에는 앞서 설명했던 내용과는 조금 다른 방법을 시도해보겠습니다. **웹브라우저에서 직접 AI와 대화하며 프로그램을 만들어보는 것입니다.**

첫 번째로, 이번에는 클로드(Claude)를 사용해보겠습니다. 클로드는 Anthropic(앤트로픽)이라는 미국의 AI 기업에서 만든 LLM이자, 이를 기반으로 하는 대화형 서비스를 말합니다. 비교적 오랫동안 '코딩'과 '글쓰기'부분에서 다른 LLM보다 높은 평가를 받고 있으며, 최근에는 'Claude Code'라는 터미널 기반 AI 개발 도구를 통해 개발자들의 생산성을 한층 더 높이고 있습니다.

단순히 코드를 생성하는 것을 넘어, 맥락을 파악하고 유지보수가 쉬운 코드를 제안하고, 버그를 찾아내며 최적화 방안을 제시하는 데 강점을 보여서, 실무 개발자들로부터의 평가가 상당히 높은 LLM입니다.

Claude 가입하기

Claude를 사용하기 위해서는 먼저 회원가입을 해야 합니다.

① 웹브라우저에서 'https://claude.ai/login'으로 접속합니다.
② Google계정이나, 이메일 주소를 입력하여 가입할 수 있습니다.
'Sign up'버튼을 클릭합니다.
③ Google계정은 간단한 동의 과정만 끝나면, 바로 이용할 수 있습니다.
④ 이메일 주소를 입력한 경우에는, 인증코드가 있는 URL이 메일로 전송됩니다.
⑤ 링크를 통해 확인한 인증코드를 클로드 인증창에 입력하면,
⑥ 약관 확인, 개인정보 이용 동의, 전화번호 인증 등의 절차를 통해 가입할 수 있습니다.
⑦ 일단 무료 요금제로 가입하고, 필요에 따라 유료로 전환하시기를 추천드립니다.
⑧ 관심분야를 등록합니다.

클로드는 처음 로그인 시에 3개의 관심 분야를 등록하게 합니다만, 질문이 관심 분야에 제한되는 것은 아니니 가볍게 선택해도 됩니다.

모든 설정이 완료되면, 어떤 주제로 이야기할지 물어봅니다. 원하는 주제가 있으면 선택을 해도 되고, 아래의 '제가 직접 주제를 입력하겠습니다.'를 클릭해도 됩니다.

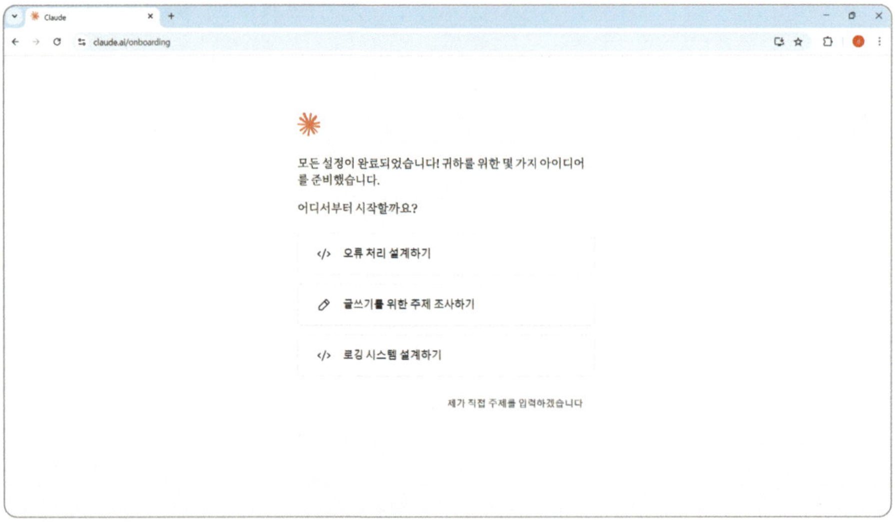

⑨ 대화 시작하기

드디어, 대화할 수 있는 화면이 나타납니다. 이제 화면 하단에 있는 텍스트 입력창에 질문이나 요청사항을 입력하면 됩니다.

참고로, 이 책은 무료버전에서 작성 되었습니다.

적삼병과 주가의 관계

앞 장에서는 주가에 대한 프로그램을 만들었었는데, 주식투자를 하다 보면, 새롭게 배워야 하는 게 참 많습니다.

저에게는 '적삼병'이라는 말이 낯선 단어였습니다.

이번에는 적삼병으로 이야기를 시작해 볼까 합니다.

클로드에 다음과 같이 요청하였습니다.

"주식투자를 하고 있는데, 적삼병이 뭔지 설명해줘"

제 요청에 대해 클로드는 다음과 같이 답변했습니다.

클루드가 적삼병에 대해 자세히 설명해줍니다. 이 내용을 꼼꼼히 공부하는 것도 좋겠지만, 저는 이 내용을 바이브 코딩으로 구현해 달라고 요청하겠습니다.

"주식 그래프에서 적삼병이 발생한 위치를 볼 수 있도록 파이썬 프로그램을 만들어줘"

다음은 답변이 완료된 화면입니다.

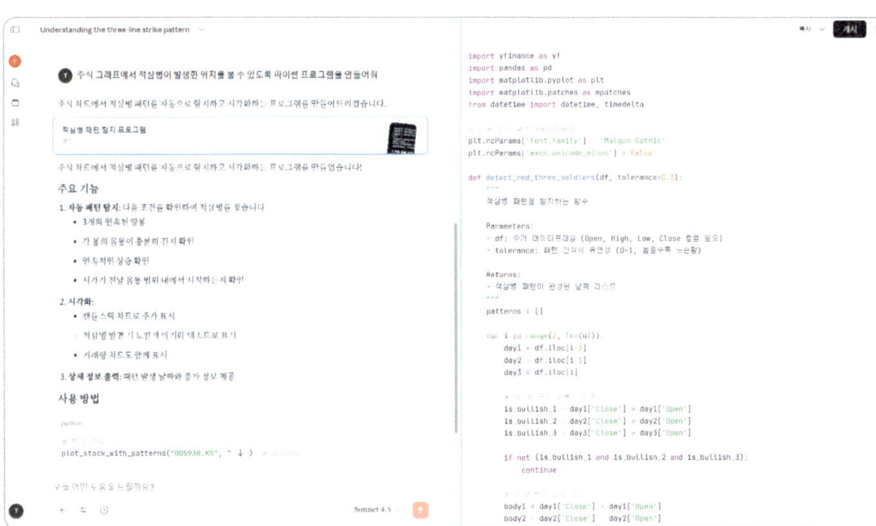

먼저 화면이 반으로 나뉘어져 있습니다. 클로드뿐만 아니라, 챗GPT (ChatGPT), 제미나이(Gemini), 그록(Grok)등의 LLM들은 코드를 만들거나, 글을 작성하는 경우, 결과물을 보여주는 협업창을 만들어서 개발, 창작과정을 단축해 줍니다.

화면의 오른쪽 부분은 클로드에서 제공하는 협업창은 'Artifact'라고 하며, ChatGPT와 Gemini는 'Canvas', Grok은 'Grok Studio' 라는 이름으로 비슷한 협업창을 제공합니다.

다시 왼쪽 화면을 보겠습니다.

요청에 대한 답으로 클로드가 프로그램을 만들고(오른쪽 화면이 프로그램 소스입니다.) 주요기능, 사용방법에 대하여 설명하고 있습니다.

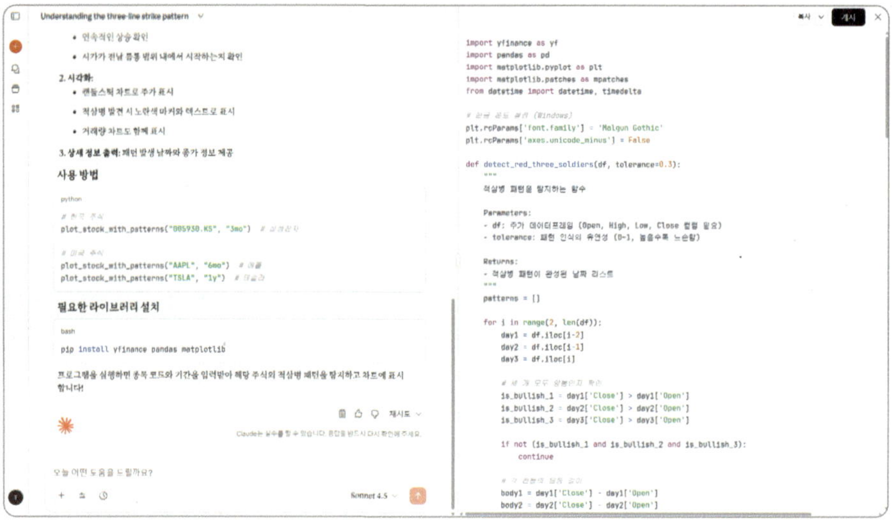

오른쪽 창의 위쪽 오른쪽에 있는 '복사'를 클릭하면, 'py(으)로 다운로드'를 볼 수 있고, 이 메뉴를 클릭하면, 내 컴퓨터에 저장이 됩니다.

다운로드 폴더에 저장된 'red_three_soldiers.py'('적삼병'을 글자 그대로 영어로 바꿨네요)을 옮겨서 진행을 해 보겠습니다.

바탕화면의 'Programming' 폴더안에 'claude'라는 폴더를 만들고, 다운로드 받은 파일을 옮긴 다음, Cursor에서 File > Open Folder를 선택해서 이 폴더를 열었습니다.

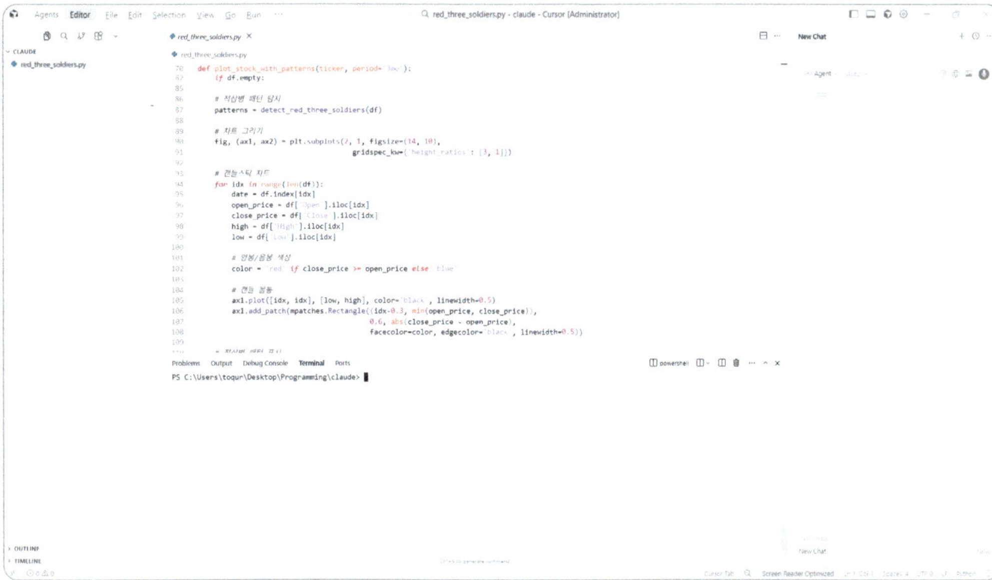

다음은 터미널창에서 실행을 해 보겠습니다.

종목코드는 '005930.KS' (삼성전자), 기간은 '1y'(1년)으로 입력하겠습니다.

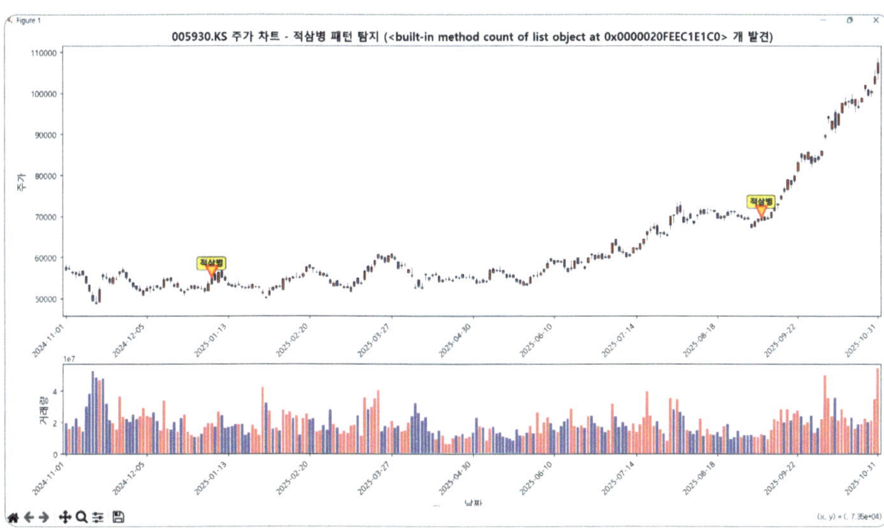

제목줄에 이상한 문자가 씌여 있는걸 제외하면(이 버그를 수정하지는 않겠습니다.), 지난 1년간 2차례의 '적삼병'신호가 있다는 것을 보여줍니다.

Cursor의 터미널 창을 보니, 2차례(2025년 1월 6일, 2025년 9월 4일) 적삼병 신호가 발생했던 것으로 보입니다.

그런데, 이 결과를 보니, 적삼병 신호가 있다고 무조건 주가가 상승하는 것은 아닌 것 같습니다.

(이 부분에 대해서 더 언급하는 것은 이 책의 범위를 벗어나는 것 같습니다. 다만, 주식을 잘 아시는 분들에게는 당연한 이야기겠지만, 주가의 매매는 적삼병 신호와 거래량 등 다른 많은 지표를 종합적으로 검토해야 할 것으로 보입니다.

또한, 적삼병을 구현한 프로그램도 패턴 정의의 세부 조건을 어떻게 설정했느냐에 따라 저와 다르게 표시될 수 있습니다.)

2

ChatGPT와 함께 하는 바이브 코딩

ChatGPT(OpenAI)를 이용한 바이브 코딩

이번에는 챗GPT(ChatGPT)를 사용해서 바이브 코딩을 해 보도록 하겠습니다. ChatGPT는 OpenAI에서 개발한 LLM 기반 인공지능 서비스로, 출시 이후 많은 사람이 AI를 일상적으로 접하게 되면서 생성형 AI 시대를 여는 계기가 되었습니다. 복잡한 기술 지식이 없어도 글쓰기, 요약, 아이디어 발상 등 다양한 작업을 쉽게 수행할 수 있어 자연스럽게 널리 사용되고 있습니다.

ChatGPT 가입하기

ChatGPT를 사용하기 위해서는 먼저 회원가입을 해야 합니다.

① 웹브라우저에서 https://chat.openai.com으로 접속합니다.

② 'Sign up'버튼을 클릭합니다.

③ 이메일 주소를 입력하거나 Google 계정으로 로그인할 수 있습니다.

④ 간단한 인증 과정을 거치면 ChatGPT를 사용할 준비가 완료됩니다.

⑤ 대화 시작하기

회원가입이 완료되면 ChatGPT와 대화할 수 있는 화면이 나타납니다. 화면 하단에 있는 텍스트 입력창에 질문이나 요청사항을 입력하면 됩니다. Cursor에서 AI와 대화하던 방식과 매우 비슷하다는 것을 알 수 있을 것입니다.(사실, 상용화된 시점을 고려한다면, 대부분의 분에게는 오히려 ChatGPT와의 대화가 Cursor와의 대화보다 더 자연스러우실 거라 확신합니다.)

참고로, 이 책은 무료버전에서 작성 되었습니다.

그림 보기 프로그램을 만들어 보자.

컴퓨터로 작업하다 보면 이미지 파일 형식이 정말 다양하다는 걸 실감하게 됩니다. JPG, PNG, BMP, GIF, WEBP, TIFF, SVG, ICO 등 수많은 형식이 존재하고, 때로는 사용하는 프로그램에서 특정 형식을 지원하지 않아 파일을 열지 못하는 답답한 상황을 겪곤 합니다.

"이 사진 좀 봐봐."라고 해서 전달받은 파일이 낯선 형식이라 열리지 않거나, 급하게 이미지를 편집해야 하는데 프로그램에서 지원하지 않는 형식이라 당황했던 경험, 누구나 한 번쯤은 있을 겁니다.

매번 온라인 변환 사이트를 찾아 헤매거나, 여러 프로그램을 번갈아 실행하는 것도 여간 번거로운 일이 아니죠.

그래서 이런 고민에서 출발했습니다. "다양한 형식의 이미지 파일을 하나의 프로그램으로 간편하게 읽을 수 있다면 얼마나 좋을까?" 이 질문에 대한 답으로, 여러 포맷을 지원하는 이미지 뷰어를 만들어보기로 했습니다.

ChatGPT에 다음과 같이 요청하였습니다.

"다양한 형식의 그림을 보는 프로그램을 파이썬으로 만들어줘"

ChatGPT는 간단한 설명과 함께, 바로 코딩 결과를 보여줍니다.

화면을 보면, 준비(라이브러리 설치), 프로그램 코드의 순서로 ChatGPT가 답변한 것을 볼 수 있습니다.

앞에서는 프로그램 코드를 Cursor에 옮겨서 작업했습니다만, 이후에는 Cursor를 사용하지 않고 작업하도록 하겠습니다.

먼저, 작업공간을 만들고('바탕화면 > Programming'에 'chatgpt'폴더 생성), 빈 텍스트 파일을 'image_viewer.py'라는 이름으로 만든 다음, 메모장에서 파일을 열고, 프로그램 코드를 복사(채팅창에서 코드가 출력되어 있는 창의 오른쪽에 있는 '코드 복사'를 통해 코드를 복사)하고, 메모장에서 붙여넣기 하고, 저장하겠습니다.

(간단히 말하면, 코드를 'image_viewer.py'라는 이름으로 저장한 것입니다.)

> **간혹, 코딩 요청에 대한 답변시, 코딩 블록(ChatGPT에서 코드를 표시하는 영역)이 표시가 되는 경우도 있습니다. 코딩 블록의 오른쪽에는 '복사', '편집', '다운로드', '코드 돌리기'가 있고, 가운데에는 파이썬 프로그램(코드)가 있습니다.**

'복사'는 코딩 블록의 내용(파이썬 코드)를 복사하는 기능이고, '편집'은 오른쪽에 'Canvas'라는 협업창을 열고, 코드를 직접 수정할 수 있는 기능입니다.

'코드 돌리기'는 협업창을 열고, ChatGPT의 가상 환경에서 프로그램을 실행하는 기능입니다. 가상 환경이다 보니, 몇 가지 제한 사항이 있는데, 인터넷에 접근할 수 없고, 라이브러리의 추가 설치가 어려워 실행이 곤란한 경우도 있습니다.

프로그램 실행에 필요한 패키지(라이브러리)를 설치하고, 프로그램을 실행해 보도록 하겠습니다.

다음은 프로그램 실행화면입니다.

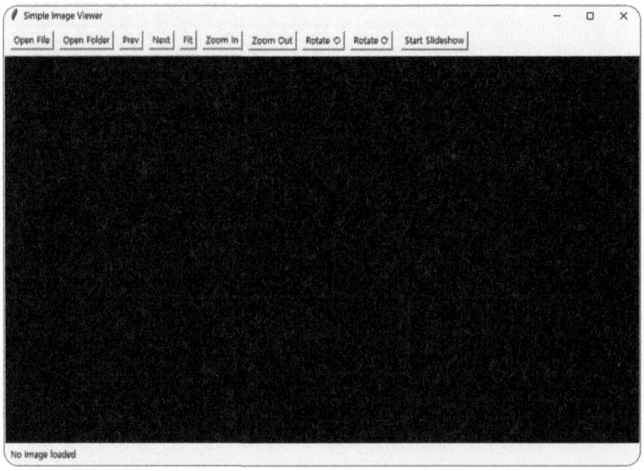

화면을 보니, 파일을 열어서 그림을 보는 것뿐만 아니라, 요청하지도 않았던 확대, 축소, 회전, 슬라이드쇼 기능까지 구현되었습니다.

먼저 파일을 열어보겠습니다.

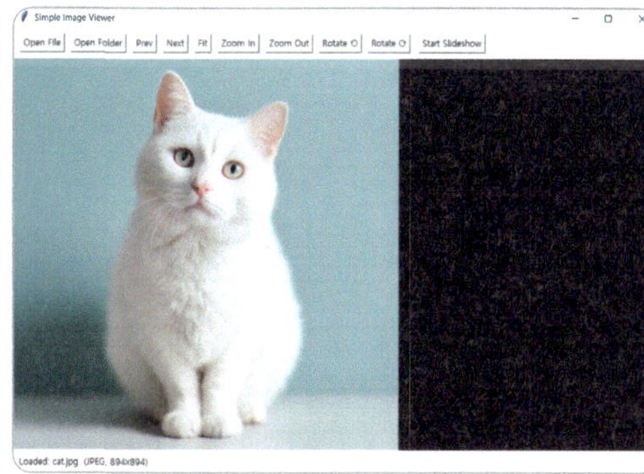

화면의 가운데에 그림이 표시되면 더 좋았을 것 같습니다만, 다양한 파일의 그림을 표시하는데에는 문제 없습니다. (화면 왼쪽 아래를 보시면, 파일 형식이 webp와 jpg인 것을 볼 수 있습니다.)

회전이나, 확대, 축소, 슬라이드쇼도 잘 동작합니다.

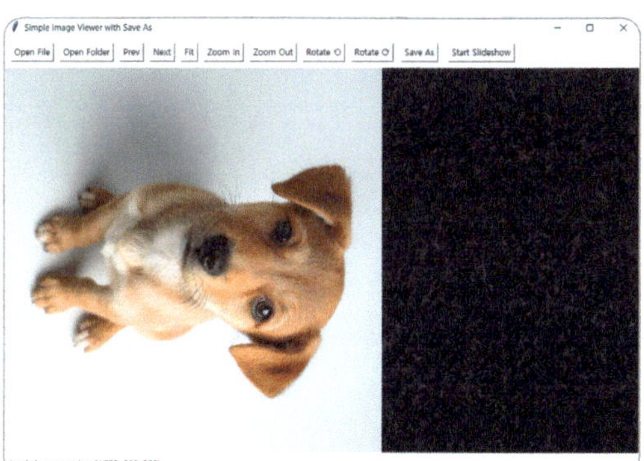

그런데, 그림이 잘 표시되니, 기능을 추가해 보고 싶은 생각이 들었습니다. 이번에는 불러온 그림을 다른 포맷으로 저장하는 기능을 추가해 보겠습니다.

ChatGPT에게 이렇게 요청하겠습니다.

"불러온 그림을 다른 포맷(아이콘 포맷을 포함해서)으로 저장하는 기능을 추가해줘"

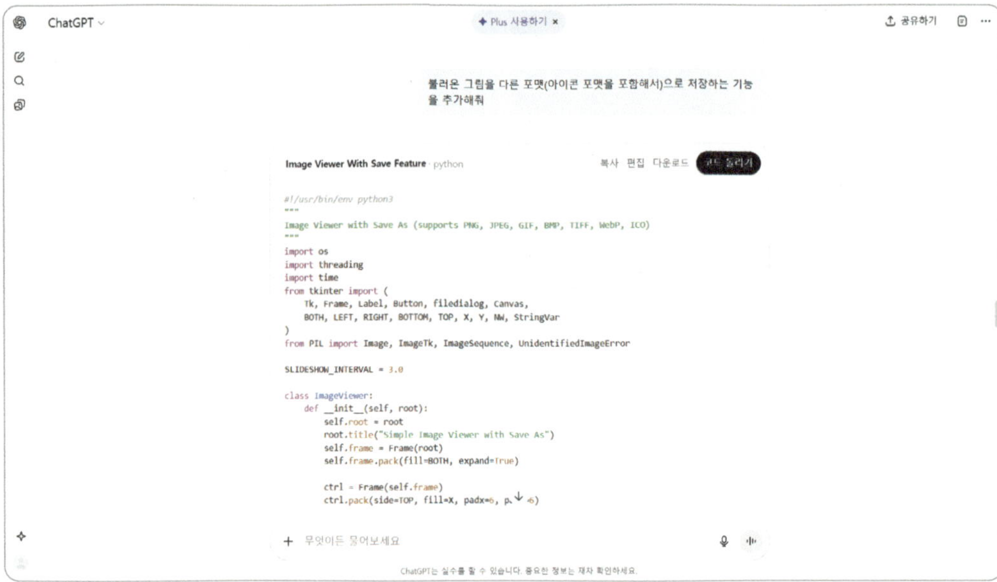

이번에는 답변 형식이 조금 다릅니다.

저는 코딩 블록에서 다운로드를 클릭하여 파일을 내려받아 작업공간(앞에서 만들었던 chatgpt폴더)으로 옮겨놓고, 실행했습니다.

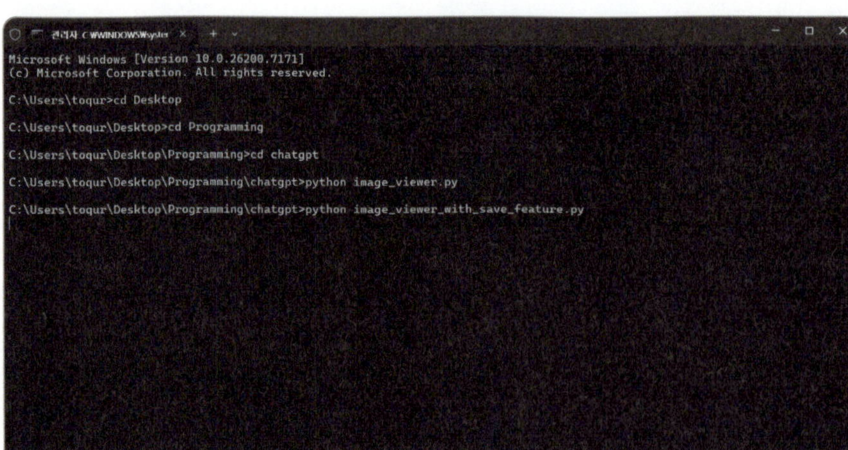

다음은 실행화면입니다.

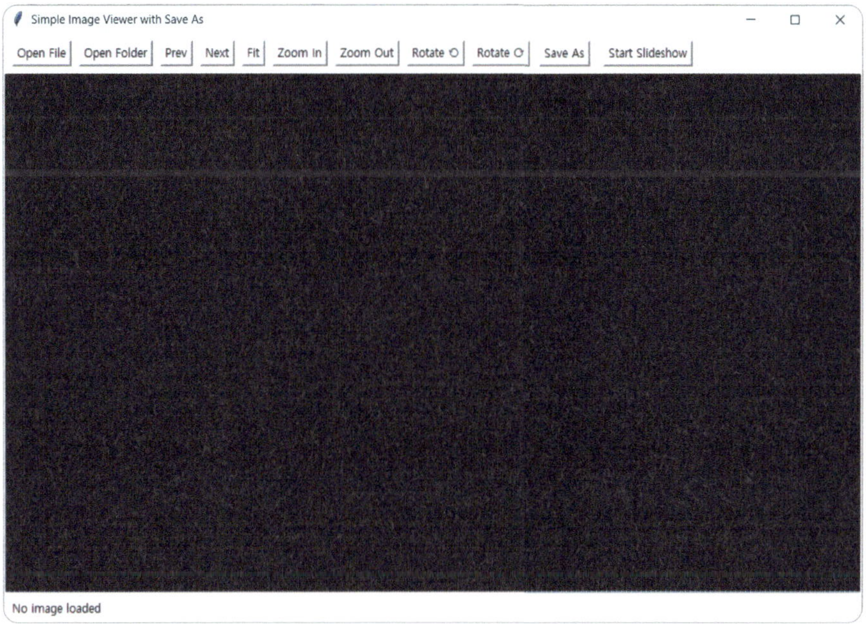

오른쪽에 'Save As'버튼이 추가된 것을 볼 수 있습니다.

당연히, 저장도 문제가 없습니다.

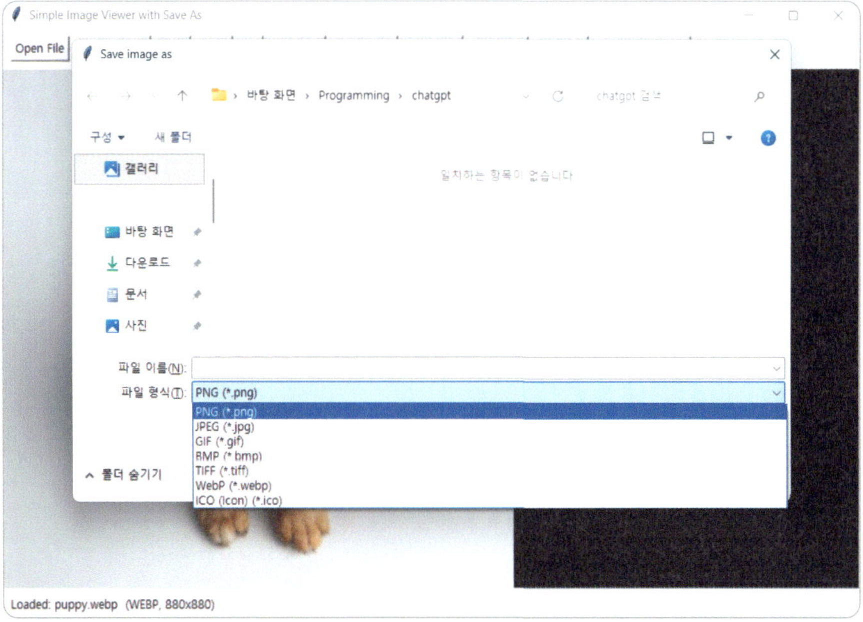

이 파일을 이용하면, 조금 더 다양한 아이콘을 만들 수 있을 것 같습니다(사실 앞에서 했던 것 처럼 아이콘 파일을 프로그램으로 만드는 것은 일반적이지 않습니다.).

이미지 뷰어나 포맷 변환 프로그램은 흔하지만, 바이브 코딩을 통해 이제 누구든지 이런 프로그램을 직접 만들 수 있습니다. 이제 중요한 건 기술이 아니라 '떠오르는 아이디어'가 되었기 때문입니다.

3

Gemini와 함께 하는 바이브 코딩

Gemini(Google)을 이용한 바이브 코딩

이번에는 Gemini를 사용해서 바이브 코딩을 해 보도록 하겠습니다.

Gemini는 구글에서 개발한 LLM 기반 인공지능 서비스입니다. 흥미로운 점은 LLM의 토대가 된 'Attention is all you need.'라는 논문을 구글이 발표했음에도, 정작 LLM 서비스 출시는 상당히 늦었다는 것입니다.

이는 구글의 핵심 사업인 검색 서비스와 LLM 기반 검색이 서로 충돌할 수 있다는 우려 때문이었습니다. 자사의 주력 사업을 잠식할 수 있는 기술에 적극적으로 뛰어들어야 하는지 내부적으로 고민이 많았다고 합니다.

하지만 일단 본격적으로 시작하자 상황이 달라졌습니다. 구글이 내놓은 Gemini의 성능은 업계에서 새로운 패러다임을 열었다는 평가를 받고 있습니다. 저는 구글의 AI 관련 서비스들이 우리의 삶에서 향후 상당히 높은 비중을 차지할 것이라고 전망합니다.

Gemini 가입하기

Gemini는 구글에서 만든 LLM서비스입니다. 그래서, 구글 계정이 있다면, 별도의 가입 없이 사용이 가능합니다.

① 웹브라우저에서 https://gemini.google.com/으로 접속합니다.

② '로그인'버튼을 클릭합니다.

로그인을 하지 않아도 Gemini에게 요청할 수 있습니다. 또한, 간단한 코드 테스트나 일회성 요청에 대한 사항이라면 굳이 로그인하지 않아도 큰 문제는 없습니다. 다만, 대화 기록이 저장되지 않고, 파일 업로드 기능 등의 이용을 이용할 수 없으며, 대화가 제한되는 경우(서버의 상태 등에 따라 제한)가 발생할 수도 있어서, 가입하고 로그인하여 사용하시는 것을 권합니다.
참고로, 이 책은 무료버전에서 작성 되었습니다.

③ Google 계정으로 로그인하거나, '계정 만들기'를 통해 구글 계정을 만들 수 있습니다.

④ 대화 시작하기

구글계정으로 로그인하면 Gemini와 대화할 수 있는 화면이 나타납니다. 화면 하단에 있는 텍스트 입력창에 질문이나 요청사항을 입력하면 됩니다.

구글 트랜드를 아시나요?

구글은 많은 재미있는 서비스를 제공하고 있습니다. 제가 지금 말씀드리려고 하는 것은 '구글 트랜드(https://trends.google.com/trends/)'입니다. 특정 기간, 특정 키워드에 대한 검색 관심도를 보여주는 서비스입니다.

이 서비스를 통해 시장 트랜드 분석과 콘텐츠 전략을 수립하는 데도 활용할 수 있으며, 사회적 관심사나 유행을 파악하기도 유용합니다.

다음은 지난 5년간 냉면, 붕어빵, 아이스크림, 떡볶이에 대한 검색 관심도를 조회한 결과입니다. 냉면은 여름철, 붕어빵은 겨울철에 관심도가 높은 것을 알 수 있고, 아이스크림은 한겨울만 제외하고 관심도가 높은 수준입니다. 반면, 떡볶이는 계절과 관련 없이 관심도가 비슷한 것을 알 수 있습니다.

이번에는 구글 트랜드를 사이트를 접속하지 않고, 조회할 수 있도록 프로그램을 만들어 보겠습니다.

Gemini에게 다음과 같이 요청하였습니다.

"파이썬으로 구글 트랜드를 조회하는 프로그램을 만들어줘.
1. 프로그램 윗쪽에는 검색어 입력창을 최대 5개까지 만들어주고,
2. 그 아래에서는 조회 기간을 선택하게 해줘.
3. 지역은 대한민국과 전 세계만 선택할 수 있도록 해줘
4. 조회 버튼을 클릭하면, 하단에 그래프를 그려줘"

이번 프로그램은 입력할 사항이 많이 있어서, 화면에 대한 요구사항을 포함했습니다.

다음은 Gemini 답변입니다.

오른쪽은 Gemini가 제공하는 협업창 '캔바스(Canvas)'입니다.

캔버스창의 위쪽을 보면, '프로그램 제목(Google Trends Tracker)'이 표시되고, 그 다음은 '변경사항 저장', '이전 버전', '다음 버전'(현재 비활성화) 버튼입니다. 프로그

램이 변경된 다음, 변경 전후의 프로그램을 불러올 때 사용합니다. 조금 공간을 두고, 차례대로 '콘솔 표시', '최근 변경상황 표시'(현재 비활성화), '코드 실행' 버튼입니다.

'코드 실행'은 캔버스에서 실행하는 버튼입니다. Gemini에서 HTML, Javascrit로 프로그램을 만든 경우에는 바로 웹브라우저에서 실행해 볼 수 있습니다.

다음은 'Colab으로 내보내기'입니다.

Colab은 구글에서 제공하는 클라우드 기반 파이썬 개발 환경입니다. 구글 계정만 있으면 웹 브라우저에서 바로 코딩할 수 있는데, 가장 큰 장점은 내 컴퓨터 성능과 상관없이 구글의 서버 자원을 사용할 수 있다는 점입니다. 노트북이 느리더라도 성능이 강력한 서버에서 코드를 실행할 수 있습니다. 내 컴퓨터에 GPU가 설치되어 있지 않아도, 인터넷 브라우저만 있으면, Colab을 통해 딥러닝 모델을 학습시키거나 실행할 수도 있습니다.

여러분들이 프로그래밍에 좀 더 익숙해지시면 Colab을 사용해보시길 권합니다. 그 오른쪽은 '공유 및 내보내기', '닫기'버튼입니다.

프로그램 소스를 컴퓨터로 옮기겠습니다.

먼저, 작업공간을 만들고('바탕화면 > Programming'에 'gemini'폴더 생성), 캔바스에서 '공유 및 내보내기'버튼을 클릭하고, '콘텐츠 복사'를 클릭하여 복사하여 'google_trends_analyzer.py'라는 이름으로 저장하겠습니다.

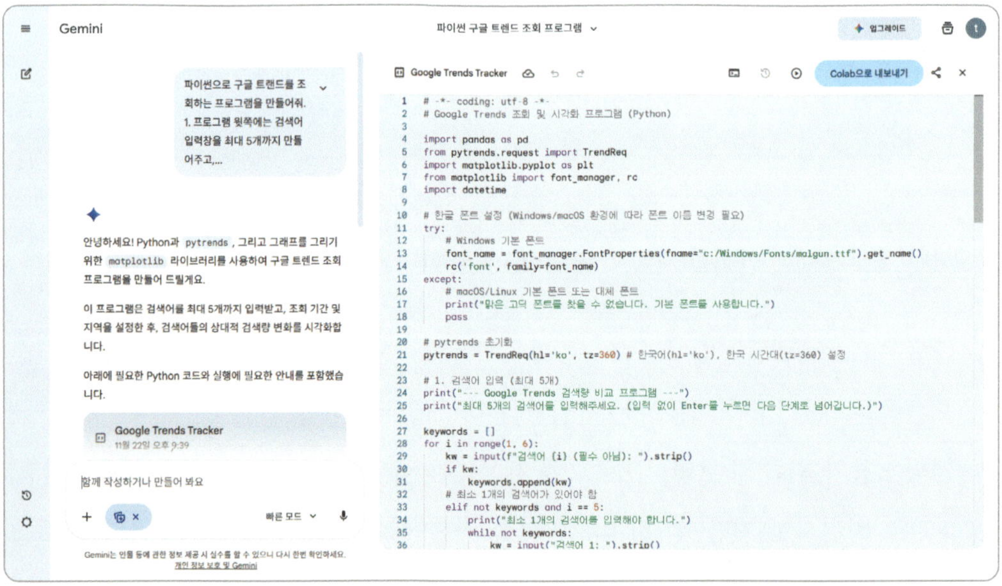

다음은 화면을 조금 아래로 내려서, 설치방법과 실행방법을 확인했습니다. 그런데, 이번 프로그램의 실행방법은 조금 다릅니다.

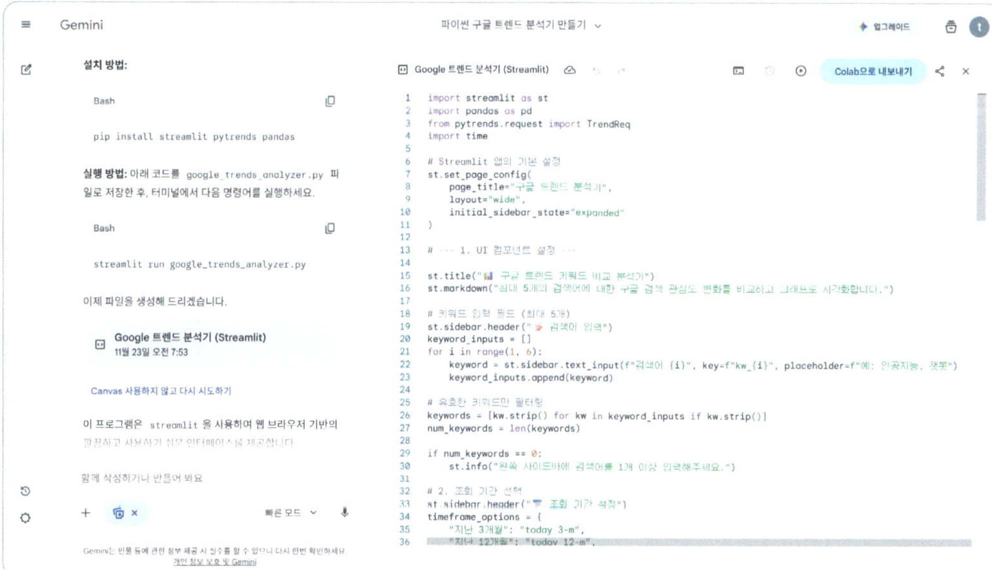

설치방법은 우리가 앞에서 했던 사례와 비교해서 별다른 차이가 없어 보입니다. 라이브러리 설치는 우리가 수차례 해봤던 것이죠. 그런데, 실행방법은 이전과 다릅니다.

콘솔창을 열고, 라이브러리를 설치하고, 파일을 저장한 폴더로 가서 실행을 한번 해 보겠습니다.

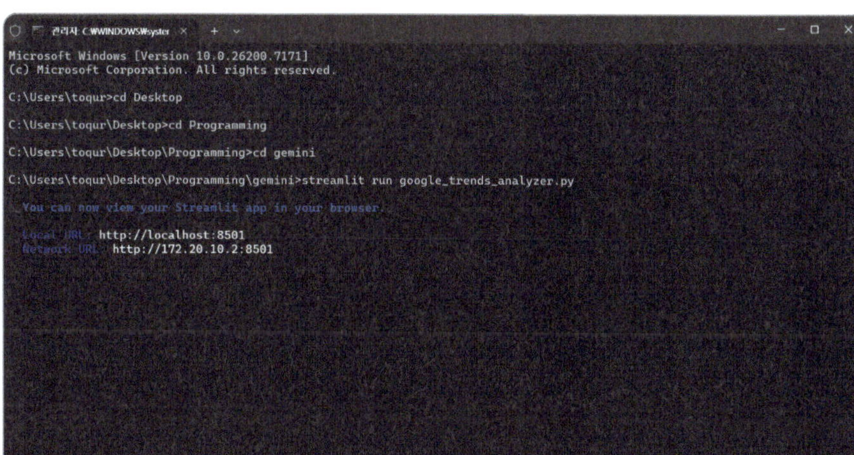

그런데, 갑자기 웹브라우저(저는 크롬을 사용하고 있습니다.)가 실행되면서 창이 하나 열립니다.

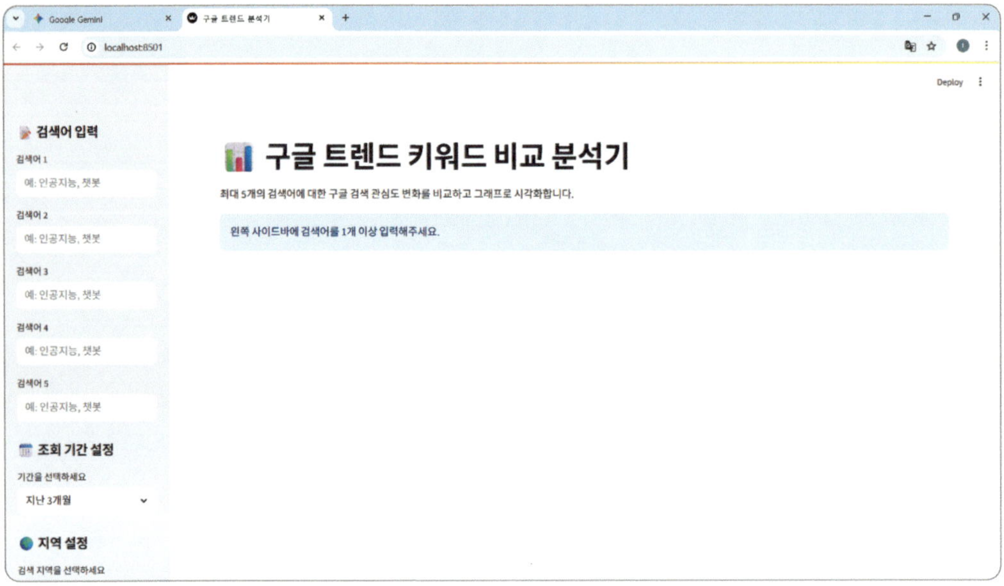

어떻게 이화면이 표시된 건지는 조금 있다가 설명하기로 하고, 검색어를 입력하고 조회를 해 보겠습니다.

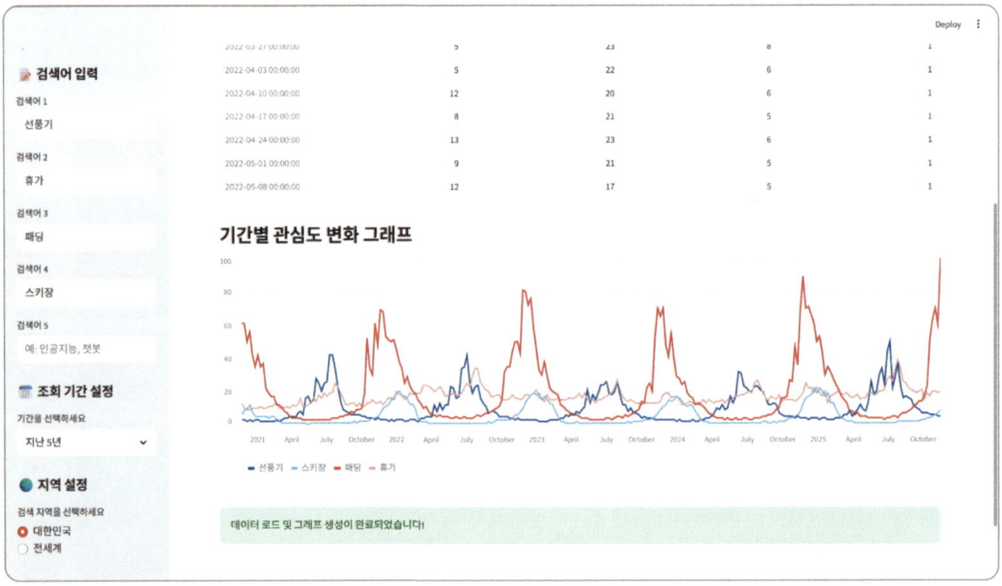

출력된 그래프를 보니 제대로 조회된 것으로 보입니다.

이 그래프를 보면, 선풍기와 휴가가 비교적 비슷한 시기에 검색량이 많고, 스키장과 패딩의 검색량이 많은 시기가 비슷해 보입니다. 이 추세를 참고해서 마케팅을 하면 좋을 것으로 보입니다.

자, 그럼 왜 갑자기 웹브라우저가 실행된걸까요?

본격적인 이야기에 앞서, Gemini가 사용한 'Streamlit(스트림릿)'이 무엇인지 잠시 짚고 넘어갈 필요가 있습니다. Streamlit은 복잡한 웹 기술(HTML, CSS, 자바스크립트 등)을 전혀 몰라도, 오직 파이썬 코드만으로 그럴듯한 웹 사이트나 애플리케이션을 만들 수 있게 해주는 도구입니다. 마치 파이썬으로 작성한 논리나 데이터를 순식간에 '눈에 보이는 화면'으로 번역해주는 통역사 역할을 한다고 볼 수 있습니다.

Gemini는 왜 하필 Streamlit을 선택해서 프로그래밍했을까요? 이는 LLM이 사용자의 요구사항을 분석해 최적의 구현 방식을 판단한 결과입니다. Gemini는 브라우저를 통해 결과를 시각화하는 것이 가장 적절하다고 판단하여 웹 애플리케이션 라이브러리인 Streamlit을 사용했습니다. Streamlit은 코드도 간단하고, 쉽게 웹 앱을 만들 수 있다는 장점도 있지만, 무엇보다 데이터 시각화에 강합니다.

이 지점에서 프로그램의 정체성에 대한 질문이 생길 수 있습니다. 이것은 데스크탑 앱일까요, 아니면 웹 프로그램일까요?

엄밀히 말하면 전통적인 '데스크탑 애플리케이션'도, 서버에 배포된 '웹 서비스'도 아닙니다. 굳이 정의하자면 **'파이썬 프로그램을 브라우저 화면으로 구동하는 하이브리드형 앱'**이라 할 수 있습니다. 웹 기술(Streamlit)을 기반으로 만들어졌지만, 사용자의 PC에서 직접 실행되는 독특한 형태이기 때문입니다.

이대로도 좋겠습니다만, 저는 Streamlit을 사용하지 않고, 윈도우에서 실행되는 프로그램으로 만들어 달라고 다시 요청하겠습니다.

"Streamlit을 사용하지 않고, 윈도우 프로그램으로 만들어줘."

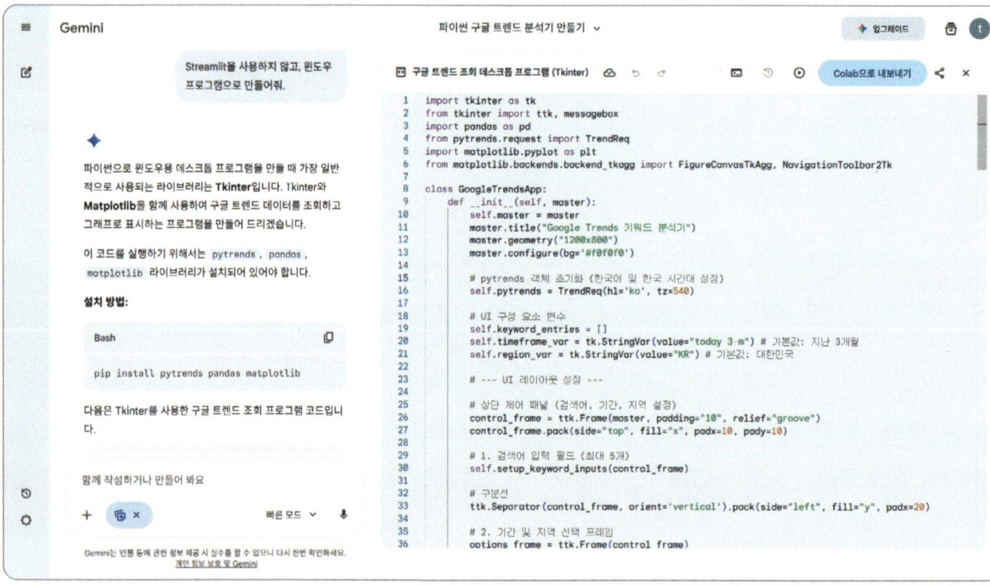

다음은 실행 결과입니다.

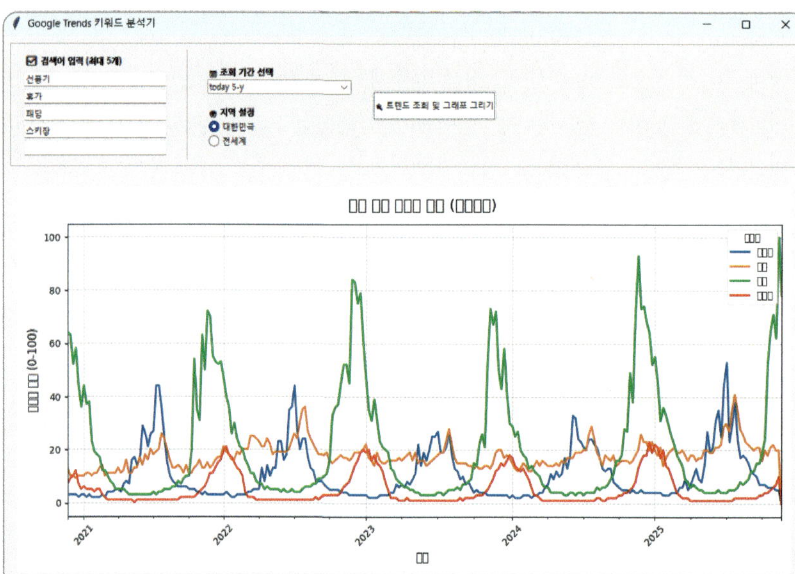

그래프는 정상적으로 조회되는 것 같은데, 한글이 모두 제대로 표시되지 않습니다. 저는 이 화면을 그대로 캡처해서 Gemini에게 다시 요청하겠습니다.

"프로그램을 실행하니, 한글이 제대로 표시되지 않는데, 수정해줘."

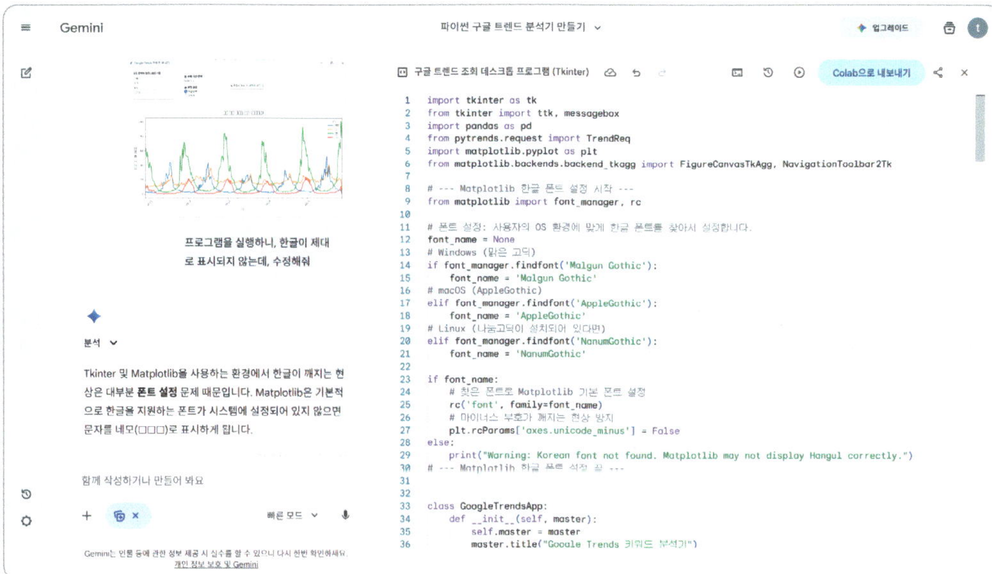

화면을 보시면, 캡처한 화면을 그대로 붙여넣기 한 것을 보실 수 있습니다. LLM에 프로그램 실행화면을 입력해서 수정 요청하는 것도 가능합니다.

다음은 실행 화면입니다.

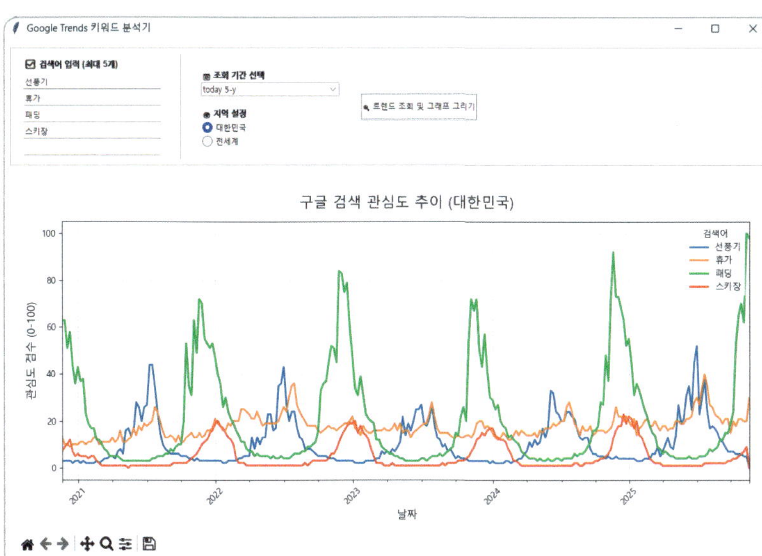

그런데, 화면이 좀 정리가 안 된 느낌입니다.

Gemini에게 다음과 같이 요청했습니다.

"화면 구성을 좀 바꿔줘.
먼저 검색어 입력창은 맨 윗부분에서 가로로 5개를 배치하고,
조회기간은 그 다음 부분에 배치하되, 사용자가 기간을 입력하는 옵션을 추가하고 오른쪽에 시작일자와 종료일자를 입력할 수 있도록 배치해줘.
그 옆에는 조회버튼을 배치해줘"

다음은 코드 수정후 실행 화면입니다.

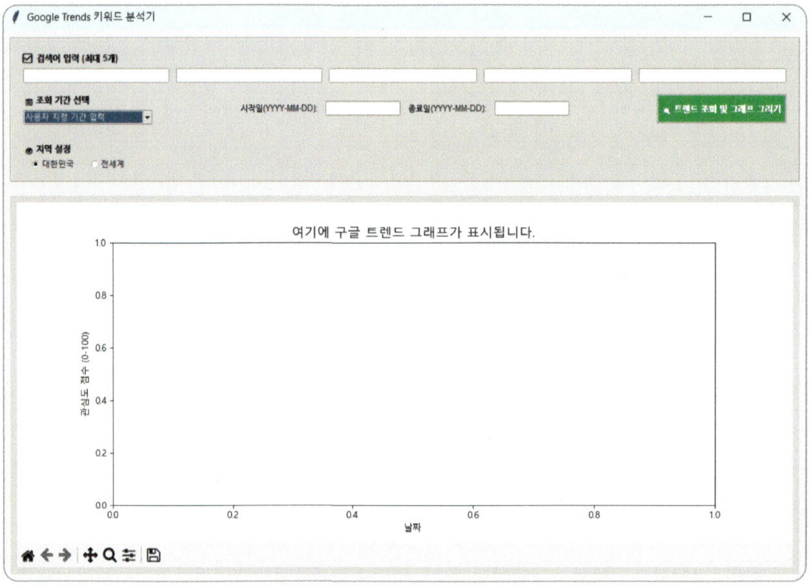

물론, 아주 맘에 쏙 드는 것은 아닙니다만, 조금 전에 만들었던 화면보다는 보기 낫습니다.

이제는 반복을 통해 화면을 조정하여야 합니다.

(프로그램의 글씨를 키우고, 입력창의 위치를 아래로 옮기는 등의 작업을 Gemini

에게 요청하고 조금씩 프로그램을 수정해야 합니다.)

다음은 제가 수정한 프로그램의 최종 버전입니다.

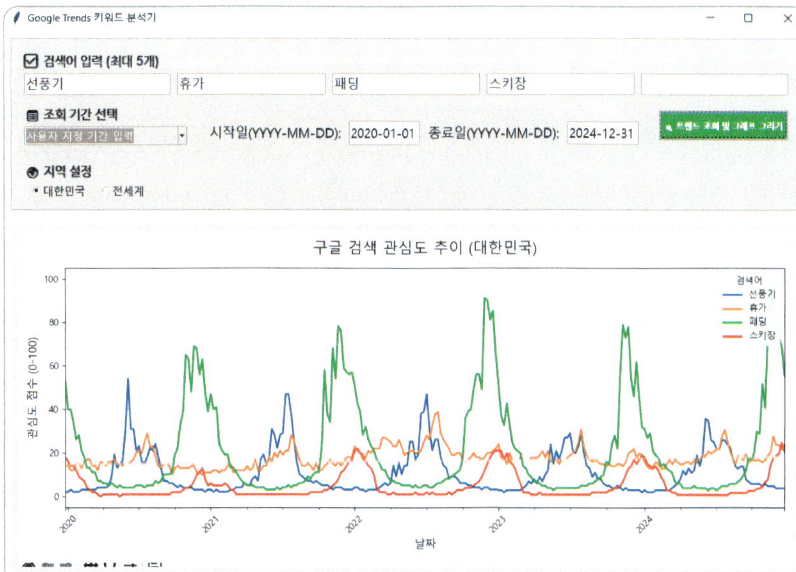

Hello
I'm VibeCoding

Let's talk, and make
code together

Start coding with your voice!

Part. 07

못다한 이야기

말로 코딩을 시작해보세요!

❶ 이제 전선으로?

지금까지 바이브 코딩이라는 새로운 세계에서 멋진 여행을 하셨습니다. 테트리스 스타일의 블록스 게임부터 시작해서 우수수 게임, 중복 파일 찾기, 주식 분석 프로그램, 그리고 구글 트랜드 검색까지. AI와 대화하며 이렇게 다양한 프로그램들을 만들어내신 여러분 자신이 자랑스럽지 않으신가요?

하지만 솔직히 말씀드리겠습니다. 이 책에서 배운 바이브 코딩 기술만으로는 실제 상용 프로그램을 만들기에는 아직 부족합니다. 마치 운전 연습장에서 운전을 배운 후 바로 고속도로로 나가기에는 위험한 것과 같습니다.

왜 제가 프로그램을 함께 개발한 여러분께 이런 말씀을 드리는걸까요?

상용 프로그램이란 무엇일까?

상용 프로그램(Commercial Software)이란 실제로 사람들이 돈을 내고 사용하는 프로그램을 말합니다. 우리가 일상에서 사용하는 '카카오톡', '한글과컴퓨터', '포토샵' 같은 프로그램들이 모두 상용 프로그램입니다.

프로그램을 배우는 사람들은 대부분 스티브잡스나 빌게이츠를 꿈꿉니다. 아! 지금은 메타의 AI팀에 합류한 연봉 1,000억원의 누군가를 목표로 할 수도 있겠습니다.

이런 프로그램들은 우리가 지금까지 만든 프로그램들과는 차원이 조금 다른 복잡성을 가지고 있습니다. 조금 오해의 소지가 있는데, 프로그램의 알고리즘을 구현하기 어렵다기보다는 우리의 프로그램이 다양한 사용자에 대한 고려를 충분히 하지 않았다는 겁니다.

상용프로그램은 수천, 수만 명의 사용자가 동시에 사용해도 문제없이 작동해야 하고, 다양한 환경에서 사용이 가능해야 하며, 어떤 상황에서도 프로그램 사용자의 중요한 데이터를 잃어버리지 않아야 합니다. 조금 더 자세히 말씀드려보겠습니다.

품질관리: 완벽에 가까운 안정성

① 철저한 테스트의 세계

상용 프로그램에서는 테스트가 개발 과정의 절반 이상을 차지합니다. 우리가 지금까지 만든 프로그램들을 생각해보세요.

"아, 잘 작동하네!" 하고 마무리 했지만, 상용 프로그램은 다릅니다.

UI에 대한 것은 말할 것도 없고, 사용자의 입력에 대한 예외처리도 고려해야 하고, 프로그램 동작 중에 네트워크가 단절되는 경우도 고려해야 합니다. 그래서, 실제 상용 프로그램은 예외 처리와 검증 코드가 훨씬 많습니다.

② 예외 처리의 중요성

우리가 만든 프로그램들은 '정상적인' 상황에서는 잘 작동합니다. 하지만 현실에서는 예상치 못한 일들이 항상 일어납니다.

- ✔ 사용자가 숫자를 입력해야 할 곳에 문자를 입력한다면?
- ✔ 네트워크 연결이 갑자기 끊어진다면?
- ✔ 하드디스크 용량이 부족해진다면?
- ✔ 다른 프로그램이 같은 파일을 사용하고 있다면?

상용 프로그램은 이런 모든 상황에 대비해야 합니다.

보안과 개인정보: 절대 지켜야 할 영역

우리가 만든 주식 분석 프로그램을 생각해보세요. 개인적인 용도로는 문제없지만, 만약 다른 사람들이 사용한다면 어떨까요?

바이브 코딩으로 프로그램을 만들 때는 보안에 대한 고려 없이 '일단 작동하게' 만드는 경우가 많습니다. 마치 집을 지을 때 문과 창문은 만들었지만, 자물쇠는 설치하지 않은 상황과 비슷합니다.

실제로 발생할 수 있는 문제들에 대해 살펴보겠습니다.

① **API 키 노출 문제**: 주식 정보를 가져오기 위해 증권사에서 받은 인증키를 프로그램 안에 그대로 적어놓는다면? 이는 마치 은행 비밀번호를 메모지에 적어서 책상 위에 붙여놓는 것과 같습니다. 다른 사람이 여러분의 프로그램을 보게 되면 그 인증키로 여러분 명의로 무엇이든 할 수 있게 됩니다.

② **파일 접근 권한 문제**: 사용자가 "내 분석 결과를 저장해줘"라고 요청할 때, 프로그램이 사용자가 지정한 위치에 무조건 파일을 저장하게 만들어졌다면 어떨까요? 만약, 악의적인 사용자가 "C:/Windows/System32/중요한파일.exe"라고 입력하면 컴퓨터 시스템 파일을 덮어쓸 수도 있습니다.

③ **개인정보 로그 문제**: 프로그램이 작동하는 과정을 기록할 때, "OOO님이 비밀번호 1234로 로그인했습니다."라고 기록한다면? 이 로그 파일이 해킹당하거나 실수로 공개되면 모든 사용자의 개인정보가 노출됩니다.

④ **임시 파일 보안 문제**: 프로그램이 잠시 사용할 임시 파일을 아무 곳에나 만들어 둔다면, 같은 컴퓨터를 사용하는 다른 사람들이 그 파일에 접근할 수 있습니다. 마치 중요한 서류를 복사기 위에 그대로 두고 간 것과 같습니다.

이런 문제들은 개인이 혼자 사용할 때는 크게 문제가 되지 않지만, 여러 사람이 사용하는 상용 프로그램에서는 치명적인 보안 사고로 이어질 수 있습니다. 실제로 이런 보안 문제는 큰 위협이 됩니다.

상용 프로그램에서는 이런 모든 부분이 엄격히 점검되어야 합니다. 마치 은행에서 돈을 보관할 때 여러 겹의 보안 장치를 설치하는 것처럼, 프로그램도 여러 단계의 보안 검증을 거쳐야 합니다.

해킹으로부터의 보호

악의적인 사용자들은 프로그램의 취약점을 찾아 공격을 시도합니다. SQL 인젝션, 버퍼 오버플로우, 크로스 사이트 스크립팅 등 다양한 공격 기법들이 존재합니다.

우리가 만든 프로그램의 사용자가 악의적인 사용자들로부터 공격을 받아서 중요 자료가 탈취되거나, 삭제되는 일이 벌어져서는 안 됩니다. 그래서, 상용프로그램은 프로그램의 취약점이 없도록 만들어져야 하며, 만일, 취약점이 발견되는 경우에는 즉시 패치를 만들어서 배포하거나, 취약점이 없는 새로운 프로그램을 만들어 사용자에게 제공해야 합니다.

바이브 코딩의 한계: 솔직한 이야기

코드 이해의 문제

바이브 코딩의 가장 큰 위험은 여러분이 만든 코드를 완전히 이해하지 못할 수도 있다는 점입니다. AI가 생성한 코드에 대한 이해가 없는 경우, 문제가 발생했을 때 어떻게 해결하시겠습니까?

만약 어제까지는 잘 동작하던 코드가 갑자기 에러를 낸다면, 여러분은 어느 부분이 문제인지 찾을 수 있을까요?

물론, AI에게 물어보고 해결하면 됩니다. 그런데 AI의 도움을 받지 못하게 된다면 어떻게 하시겠습니까? 이러한 가정은 스포츠 중계를 보고 있는데 정전이 되면 어떻게 할 거냐는 것처럼 당황스러운 이야기일지도 모릅니다. 그러나 이러한 문제는 전문 프로그래머들도 겪는 어려움입니다.

성능과 최적화의 한계

AI가 생성한 코드는 이떤 경우에는 '작동하는' 코드이지, '최적화된' 코드가 아닙니다. 상용 프로그램에서는 성능이 매우 중요합니다. 그런데, 바이브코딩의 경우, 가끔 동작하기는 하는데, 성능이 아쉬운 경우가 있습니다.

또한, 같은 동작을 하는 함수를 이름을 달리해서 여러 개 만드는 경우가 있습니다.

이런 경우 프로그램의 크기가 커지게 됩니다. 그리고 이것은 사용자 컴퓨터 리소스(메모리 등)를 낭비하게 하는 원인이 될 수 있습니다.

확장성의 문제

바이브 코딩으로 만든 프로그램은 사용자가 늘어나거나 기능이 추가될 때 쉽게 한계에 부딪힙니다. 처음에는 작은 프로그램이었지만, 점점 복잡해지면서 관리하기 어려워집니다.

유지보수: 끝나지 않는 여정

프로그램에서는 끊임없이 버그가 발견되고 새로운 기능이 요구됩니다. 이때 중요한 선택을 해야 합니다.

첫 번째는 '기존 코드를 수정할 것인가?', 아니면 '새로 만들 것인가?'의 문제입니다. 바이브 코딩의 특성상, 기존 코드를 이해하기 어렵다면 매번 새로 만드는 것이 더 쉬울 수도 있습니다. 하지만 이는 매우 비효율적인 접근 방식입니다.

두 번째는 팀워크의 어려움입니다. 상용 프로그램은 일반적으로 혼자 만드는 것이 아닙니다. 여러 명의 개발자와 함께 작업해야 합니다. 바이브 코딩으로 만든 코드는 다른 사람이 이해하기 어려울 수 있습니다.

그렇다면 바이브 코딩은 무용지물일까?

절대 그렇지 않습니다! 바이브 코딩은 여전히 강력한 도구입니다. 다만 상용 프로그램을 만들려면 고려할 사항이 좀 더 많다는 것뿐이죠.

바이브 코딩으로 파이썬은 물론 다른 언어로도 프로그래밍할 수 있고, 스마트폰 앱도 개발할 수 있습니다. 이제는 아이디어만 있으면 누구나 프로그램을 직접 만들 수 있는 시대입니다.

이 책에서 배운 것처럼 AI와 대화하며 문제를 해결하고 프로그램을 개선해 나간다면, 상용 프로그램도 충분히 가능합니다. 여러분의 첫 프로그램이 누군가에게 실제로 도움이 되는 순간을 꼭 경험해보시기 바랍니다. 그때의 기쁨은 프로그래밍을 계속하게 만드는 가장 큰 원동력이 될 것입니다.

2

바이브코딩을 어떻게 활용할 것인가?

바이브 코딩의 현실적인 한계와 가능성

여러분이 이 책을 통해 블록스부터 주식정보를 조회하는 프로그램까지 만들어보면서, 바이브 코딩의 놀라운 가능성을 직접 경험해보셨을 것입니다. AI와 대화하며 프로그램을 만드는 것이 정말 마법 같다고 느끼셨을 수도 있습니다. 그렇다면 이런 생각이 드실 수 있습니다. "이제 모든 프로그래머가 실업자가 되는 건 아닐까?" 혹은 "앞으로는 누구나 쉽게 프로그램을 만들 수 있게 되는 건 아닐까?"

바이브 코딩이 우리 사회에 미칠 영향에 대해 현실적이고 균형 잡힌 시각으로 살펴보겠습니다. 과도한 기대도, 불필요한 두려움도 갖지 말고, 바이브 코딩의 진짜 가능성과 한계를 함께 탐구해봅시다.

모든 프로그램을 대체할 수 있을까?

솔직히 말해서, 바이브 코딩이 매력적인 방법인 것은 분명한 사실입니다. 여러분도 이 책을 통해 직접 경험해보셨으니 잘 아실 것입니다. 하지만 현재로서는 실제 개발하는 모든 프로그램을 대체하기에는 곤란할 것이라고 예상됩니다.

왜 그럴까요? 우리가 만든 프로그램들을 다시 한번 생각해봅시다. 우리가 만들었던 블록스나 간단한 파일 관리 프로그램은 비교적 명확한 요구사항을 갖고 있었습니다. "블록이 떨어지고, 한 줄이 채워지면 사라진다.", "중복된 파일을 찾아서 보여준다." 같은 식으로 말입니다. 이런 명확한 요구사항은 AI가 이해하고 구현하기에 적합합니다.

하지만 여러분들이 실제로 사용하는 시스템을 생각해보세요.

사무실에서 사용하는 엑셀이나, 우리의 스마트폰에 있는 은행 앱, 병원에서 사용하는 환자 관리 시스템 같은 것들 말입니다. 이런 시스템들은 아래와 같은 특징이 있습니다.

- ✔ 수십 년간 축적된 복잡한 비즈니스 로직을 포함합니다.
- ✔ 다양한 예외 상황과 엣지 케이스(극단적인 상황)를 처리해야 합니다.
- ✔ 높은 수준의 보안과 안정성이 요구됩니다.
- ✔ 기존 시스템과의 복잡한 연동이 필요합니다.

이런 복잡한 요구사항을 '자연어'로 완벽하게 설명하기는 어렵습니다. 사실, 복잡한 프로그램의 모든 기능을 제대로 이해하고 있는 사람을 찾기도 그리 쉽지 않을 것입니다. 요구사항을 정리하는데에도 많은 시간이 필요할 거라는 이야기입니다.

그럼에도 불구하고 위협적인 이유

하지만 모든 프로그램을 대체하지 못한다고 해서 바이브 코딩이 덜 중요한 것은 아닙니다. 저는 지금 우리가 사용하는 상당수의 프로그램을 대체하는 것만으로도 충분히 위협적일 것으로 예상합니다.

예를 들어, 소규모 비즈니스에서 사용하는 간단한 관리 프로그램, 개인용 도구, 프로토타입, 교육용 프로그램 등은 이미 바이브 코딩으로 충분히 만들 수 있습니다. 이런 영역만 해도 전체 소프트웨어 시장에서 상당한 비중을 차지합니다.

실제로 현재도 많은 기업들이 간단한 업무 자동화나 데이터 처리를 위해 외부 개발업체에 의뢰하거나 비싼 솔루션을 구매하고 있습니다. 하지만 바이브 코딩을 활용하면 이런 필요를 직접 해결할 수 있게 됩니다.

진짜 의미: 진입 장벽의 해체

하지만 바이브 코딩의 진짜 의의는 기존 프로그래머들을 위협하는 것이 아니라, 프로그램을 전혀 모르는 사람들에게 더 많은 기회를 제공하는 것에 있다고 봅니다.

생각해보세요. 지금까지 프로그래밍은 완전히 접근하기 어려운 전문가들의 분야였습니다. 컴퓨터 과학을 전공하거나, 최소한 몇 년간 집중적으로 공부해야만 제대로

된 프로그램을 만들 수 있었습니다.

하지만 바이브 코딩을 통해서는 수개월간의 전문 지식 없이도 AI의 도움으로 실용적인 프로그램을 작성할 수 있습니다. 이것은 정말 대단한 변화입니다.

예를 들어:

- ✔ 소상공인이 자신의 가게 관리를 위한 간단한 프로그램을 직접 만들 수 있습니다.
- ✔ 교사가 학생들의 성적 관리나 교육 자료 정리를 위한 도구를 직접 개발할 수 있습니다.
- ✔ 연구자가 자신의 연구 데이터를 분석하기 위한 전용 프로그램을 만들 수 있습니다.
- ✔ 취미 활동을 하는 사람들이 자신만의 도구를 개발할 수 있습니다.

'타자기의 역사'에서 배우는 교훈

이런 변화가 얼마나 혁신적인지 이해하기 위해, 과거의 사례를 하나 살펴봅시다. 1980년대까지만 해도 '타자'는 전문 기술이었습니다. 타자기를 빠르고 정확하게 치는 것은 특별한 능력이었고, 이를 위한 전문 직업군(타이피스트)도 존재했습니다.

하지만 개인용 컴퓨터와 워드프로세서가 보급되면서 어떻게 되었습니까? 이제는 누구나 키보드로 문서를 작성할 수 있게 되었습니다. 타자가 전혀 특별한 능력이 아닌, 누구나 할 수 있는 기본적인 능력이 되었습니다.

마찬가지로 앞으로는 프로그래밍도 특별한 능력이 아닌, 쉽게 할 수 있는 능력이 될 것입니다. 물론 여전히 전문적인 프로그래머가 필요한 영역은 있겠지만, 기본적인 프로그램 개발은 누구나 할 수 있는 일반적인 기술이 될 것입니다.

프로그래밍 언어 이외의 요소들

프로그램을 만들기 위해서는 프로그래밍 언어 이외에도 여러 가지 중요한 요소들이 있습니다:

- ✔ 문제 정의 능력: 무엇을 만들지 명확하게 정의하는 능력
- ✔ 논리적 사고: 복잡한 문제를 단계별로 나누어 생각하는 능력

✔ 사용자 경험 설계: 사용하기 편한 프로그램을 만드는 능력

✔ 테스트와 디버깅: 문제를 찾아서 해결하는 능력

✔ 프로젝트 관리: 큰 프로젝트를 체계적으로 관리하는 능력

이런 능력들의 중요성이 바이브 코딩으로 인해 완전히 사라지지는 않을 것입니다. 하지만 이전만큼의 중요성은 갖지 못할 것입니다. 왜냐하면 AI가 이런 영역에서도 상당한 도움을 줄 수 있기 때문입니다.

예를 들어, AI는:

✔ 모호한 요구사항을 구체화하는 데 도움을 줄 수 있습니다

✔ 사용자 인터페이스 설계에 대한 제안을 할 수 있습니다

✔ 코드를 자동으로 테스트하고 버그를 찾을 수 있습니다

✔ 프로젝트 구조를 제안하고 관리 방법을 알려줄 수 있습니다

개인화된 프로그램의 시대

제가 생각하는 바이브 코딩이 가져올 가장 흥미로운 변화는 '개인화된 프로그램'의 등장입니다. 지금까지는 프로그램을 만드는 비용이 워낙 비싸다 보니, 많은 사람이 사용할 수 있는 범용적인 프로그램만 개발되었습니다. 마이크로소프트 오피스나 포토샵 같은 프로그램들이 대표적인 예입니다.

하지만 바이브 코딩을 통해 개발 비용이 획기적으로 낮아지면, 개인의 특별한 필요에 맞춘 프로그램들이 많이 등장할 것입니다.

예를 들어:

✔ 특정 취미 활동을 위한 전용 관리 프로그램

✔ 개인의 건강 상태를 추적하는 맞춤형 프로그램

✔ 특별한 업무 환경에 최적화된 도구

✔ 개인의 학습 스타일에 맞춘 교육 프로그램

이미, 우리는 '나만의 주가 분석 프로그램'도 만들어봤고, '관심도에 대한 조회 프로그램'도 직접 해 보지 않았습니까? 이런 개인화된 프로그램들이 많아질수록, 우리의 일상생활과 업무 효율성은 크게 향상될 것입니다.

사회 전체의 발전

본인이 필요한 프로그램을 직접 만들어서 사용하는 사람들이 늘어나면, 우리 사회 전체가 더 발전할 것으로 기대됩니다.

생각해보세요. 지금까지 많은 사람이 반복적이고 비효율적인 작업을 수작업으로 해왔습니다. 하지만 바이브 코딩을 통해 업무에 대해서 제일 잘 아는 사람들이 이런 작업들을 자동화하는 프로그램을 쉽게 직접 만들 수 있다면 아래와 같은 이점을 기대할 수 있습니다.

① **생산성 향상**: 반복적인 작업에서 해방되어 더 창의적인 일에 집중할 수 있습니다

② **혁신 가속화**: 새로운 아이디어를 빠르게 프로토타입으로 만들어 검증할 수 있습니다

③ **문제 해결 능력 향상**: 자신만의 도구를 만드는 과정에서 문제를 체계적으로 분석하는 능력이 발달합니다

④ **디지털 격차 해소**: 프로그래밍 지식이 없어도 디지털 도구를 활용할 수 있게 됩니다

마무리하며

바이브 코딩은 분명히 혁신적인 기술입니다. 하지만 만능 해결사는 아닙니다. 복잡하고 중요한 시스템은 여전히 전문가들의 영역일 것이고, 프로그래밍과 관련된 다양한 지식과 경험도 여전히 가치를 가질 것입니다.

하지만 그보다 더 중요한 것은, 바이브 코딩이 더 많은 사람들에게 프로그래밍의 문을 열어준다는 것입니다. 이를 통해 우리 사회는 더 많은 혁신과 창의성을 발휘할 수 있게 될 것입니다.

여러분도 이 책을 통해 바이브 코딩의 가능성을 직접 경험해보셨을 것입니다. 이제

이것을 시작점으로 삼아서, 자신만의 필요에 맞는 프로그램들을 계속 만들어보시기 바랍니다. 여러분의 작은 프로그램 하나하나가 모여서, 더 나은 미래를 만드는 데 기여할 것입니다.

바이브 코딩이 세상을 지배하는 것이 아니라, 바이브 코딩을 통해 더 많은 사람들이 세상을 바꿀 수 있는 도구를 갖게 되는 것입니다. 그리고 여러분도 이제 그 도구를 가진 사람 중 한 명이 되었습니다.

이번 장을 마지막으로 우리의 바이브 코딩 여행이 마무리됩니다. 하지만 진짜 여행은 지금부터 시작입니다. 이 책에서 배운 내용을 바탕으로 여러분만의 프로그램을 만들어가시기 바랍니다. 그리고 언젠가 여러분이 만든 프로그램이 다른 사람들에게도 도움이 되는 날이 오기를 기대합니다.

Hello
I’m VibeCoding

Let’s talk, and make
code together

Start coding with your voice!

부록

문제가 생겼을 때 해결하기

말로 코딩을 시작해보세요!

“완벽한 프로그램은 없습니다.
중요한 건 문제를 현명하게 해결하는 것입니다.”

바이브코딩을 하다 보면, 가끔 생각한 대로 동작하지 않을 때가 있습니다. 버튼을 눌러도 아무것도 안 나오거나, 내가 원하는 결과가 나오지 않는 경우들이 생깁니다. 어쩌면 아예 시작도 못하는 경우도 있습니다.

그러나 이런 문제들은 바이브코딩에서 아주 자연스러운 일입니다. 심지어 경험 많은 개발자들도 매일 매일 이런 문제들을 겪고 있습니다.

중요한 건 포기하지 않는 것과 AI(Cursor, LLM 등)을 활용해서 현명하게 문제를 해결하는 방법을 아는 것입니다. 본 부록에서는 여러분이 바이브코딩 중에 만날 수 있는 여러 문제들과 그 해결 방법을 알아보겠습니다.

1 문제의 종류 파악하기

지도와 목적지를 알아도 내가 어디인지 모르면 우리는 목적지로 갈 수가 없습니다. 그래서, 문제를 해결하기 전에, 먼저 어떤 종류의 문제인지 파악하는 것이 중요합니다. 아주 당연한 이야기라고 생각하실지 모르겠지만, 무엇을 해결해야 하는지도 모르면서 좌충우돌하는 상황은 생각보다 많습니다.

프로그래밍으로 돌아와서, 문제의 종류를 어떻게 분류하는가에 대해서는 많은 의견이 있을 수 있겠으나, 여기서는 파이썬 바이브코딩을 하는 초보자에게 실용적으로 도움이 되도록 이렇게 나누어 보겠습니다.

프로그램이 제대로 동작하지 않는 경우는 크게 두 가지로 나눌 수 있습니다.

1. 코드의 버그

'버그'가 뭔지 아시나요? 프로그래밍에서는 프로그램이 제대로 동작하지 않는 문제를 '버그(Bug)'라고 부릅니다. 프로그램의 정상 동작을 방해하는 원인을 '버그(bug)'라고 한 건 재미있는 유래가 있습니다.

1947년 9월 9일에 미해군에서 운용중이던 Harvard Mark II 컴퓨터가 오동작을 일으켰다고 합니다. 이때, 그레이스 호퍼(Grace Hopper)라는 엔지니어가 원인을 찾던 중, 내부 회로판 사이에 나방이 끼어서 정상적인 동작을 방해한 것을 발견했고, 이 나방을 테이프로 로그북에 붙인 다음, 'First actual case of bug being found(실제 버그가 발견된 첫 번째 사례)'라고 기록한 것이 '버그'의 시작이 되었다고 합니다.

실제로는 그 이전에도 기계적 문제를 '버그'라고 표현했다고 합니다만, 프로그래밍 맥락에서 이 사건이 '버그'라는 용어를 대중화한 결정적인 계기였습니다.

참고로 버그를 없애는 과정을 '디버그(Debug)' 또는 '디버깅(Debugging)'이라고 부릅니다.

그럼, 코드 버그를 하나씩 보겠습니다.

① 파이썬 문법 오류 (SyntaxError)

파이썬의 문법에 따라 코드가 작성되지 않았을 때 발생하는 오류입니다. 일반적으로 Cursor AI(혹은 LLM)가 문법에 맞게 코드를 작성해주기 때문에 거의 발생하지 않지만, 기끔 사용자가 실수로 코드를 수정하다가 생길 수 있습니다.

(복사-붙여넣기 하다가도 많이 발생합니다.) 예를 들어, 괄호를 빼먹거나 ('print("안녕하세요"'), 오타가 있는 경우가 있습니다.('pnint("안녕하세요")')

이런 문제가 생기면 Cursor AI 에디터에서 빨간 밑줄로 표시되고, 프로그램을 실행하면 'SyntaxError' 메시지가 나타납니다.

② 파이썬 실행 오류 (Runtime Error)

문법은 맞지만 프로그램을 실행할 때 문제가 생기는 경우입니다.

일반적인 실행 오류들

✔ 'FileNotFoundError': 파일을 찾을 수 없음

✔ 'NameError': 정의되지 않은 변수를 사용

✔ 'TypeError': 잘못된 데이터 타입 사용

✔ 'IndexError': 리스트 범위를 벗어난 접근

✔ 'ZeroDivisionError': 0으로 나누기 시도

이런 경우에는 파이썬이 어디서 문제가 생겼는지 에러 메시지를 알려주므로, 그 정보를 Cursor AI(혹은 LLM)에게 전달하면 대부분 해결됩니다.

③ 논리 오류 (Logic Error)

프로그램은 실행되지만 예상과 다른 결과가 나오는 경우입니다. 바이브코딩에서는 이런 유형의 버그가 제일 많이 발생합니다.

예를 들어서 계산기를 만들었는데 2+3을 했을 때 5가 아니라 23이 나온다거나, 버튼을 눌렀는데 아무 반응이 없다거나 하는 경우들입니다.

이런 경우에는 한 가지 흥미로운 상황이 있습니다. 가끔 Cursor AI가 여러분이 요청하지 않은 기능을 추가로 만들어줄 때가 있습니다. 예를 들어서 간단한 메모장을 만들어달라고 했는데 자동으로 파일 백업 기능도 추가해주거나, 계산기에 계산 이력 표시 기능까지 만들어주는 경우가 있습니다.

이런 현상을 '사이드 이펙트(Side Effect)'라고 부릅니다. 원래 의도하지 않았지만 부수적으로 생긴 효과라는 뜻입니다. 하지만, 처음 의도한 기능이 아니었다면 엄밀히 말해서 버그로 판단하는 것이 맞습니다.

다만, 여기서 중요한 것은 해당 버그(부수적인 효과)에 대해서 디버깅을 할지 말

지는 여러분의 판단이라는 점입니다. 만약 그 기능이 유용하고 프로그램에 문제를 일으키지 않는다면 그대로 두어도 됩니다. 반대로 불필요하거나 성능에 영향을 준다면 Cursor AI에게 제거해달라고 요청하면 됩니다.

2. 파이썬 환경 및 시스템 문제

넓은 뜻으로 보면, 이 부분도 버그라고 볼 수 있습니다. 실제로 많은 사람들이 '프로그램이 안 돼요'라고 하며, 이런 경우들을 버그라고 간주하기도 합니다. 그러나 엄밀히 말하면 이것들은 파이썬 실행 환경이나 윈도우 시스템 설정 때문에 발생하는 것으로, 코드의 버그라기보다는 환경 설정으로 해결해야 합니다.

① 파이썬 패키지 문제

✔ **패키지 미설치 오류 (ModuleNotFoundError)**: 파이썬 프로그램이 필요로 하는 라이브러리가 설치되어 있지 않을 때 발생합니다. 2장에서 블록스 게임을 만들 때 시험해봤던 것처럼 pygame을 설치하지 않았는데, 코드상에서는 pygame를 이용하게 구현되었을 때, 이런 에러가 발생합니다.

✔ **패키지 버전 충돌**: 새로운 패키지를 설치했더니 기존에 잘 되던 패키지와 충돌이 생기는 경우입니다.

```
package-a 2.0.0 requires package-b>=3.0, but you have package-b 2.5.0
which is incompatible.
```

이런식의 메시지가 나오는데, 적절한 패키지를 설치해주면 됩니다.

② 윈도우 파일 시스템 문제

✔ **파일 경로 문제**: 윈도우는 파일 경로에 백슬래시(\)를 사용하는데, 파이썬에서 문자열로 처리할 때 문제가 생길 수 있습니다.

✔ **파일 권한 문제**: 윈도우에서 특정 폴더(예: Program Files)에 파일을 쓰려고 할 때 권한 오류가 발생할 수 있습니다.

③ 윈도우 보안 문제

✔ Windows Defender 차단: 새로 만든 .py 파일이나 pyinstaller로 만든 .exe 파일을 윈도우가 의심스러운 프로그램으로 판단해서 실행을 막는 경우입니다.

② Cursor AI를 활용한 문제 해결 방법

이제 실제로 문제가 생겼을 때 Cursor AI를 어떻게 활용해서 해결해야 하는지 알아보겠습니다.

1. Cursor AI에서 오류 확인하고 해결 요청하기

Cursor AI 에디터는 파이썬 오류를 확인하고 해결하는 데 최적화되어 있습니다.

① Cursor AI에서 오류 확인하는 방법

- ✔ **에디터에서 실시간 오류 확인**: Cursor AI는 코드를 입력하는 동시에 문법 오류를 빨간 밑줄로 표시해줍니다. 밑줄 위에 마우스를 올리면 구체적인 오류 내용을 볼 수 있습니다.
- ✔ **Problems 패널 확인**: Cursor AI 하단에서 우리는 'Terminal'패널만 사용했습니다만, 왼쪽의 첫 번째 'Problems' 패널에서 현재 파일의 모든 오류와 경고를 한눈에 볼 수 있습니다.
- ✔ **터미널에서 파이썬 실행 오류 확인**: Cursor AI 내장 터미널에서 'python 파일명.py'로 실행했을 때 나오는 오류 메시지를 확인할 수 있습니다.

② Cursor AI Chat으로 오류 해결하기

기본적인 방법은 아래와 같습니다.

- ✔ 오류가 발생한 코드 부분을 마우스로 선택
- ✔ Ctrl+L을 눌러서 Chat 패널 열기
- ✔ "이 코드에서 오류가 발생하는데 수정해줘" 입력

③ 더 효과적인 방법

터미널의 오류 메시지를 복사해서 채팅창에 붙여넣고, 수정해 달라고 요청하면 됩니다. 사실, 바이브코딩에서는 오류 메시지를 복사하고 수정 요청 하는 것으로 모두 수정할 수 있습니다. 문제는 정상적으로 동작하는데, 내가 원하는 방식이 아닐때입니다.

2. 정확하게 상황 설명하기

오류 메시지가 없는 경우에는 상황을 정확히 설명하는 것이 중요합니다. Cursor AI는 당신이 설명한 내용만을 바탕으로 문제를 파악해야 합니다.

컴퓨터에 관한 유머가 있습니다.

가끔 컴퓨터가 "왜 내가 화가 났는지 당신이 모르더라도 그 이유를 절대 말해 주지 않을 거예요."라고 동작하는 것 같은 느낌을 받을 때가 있습니다.

우리가 만든 프로그램이 이상하게 동작할 때, AI에게 "안 돼요.", "이상해요.", "버그가 있어요."라는 식으로 설명하면, 이번에는 AI가 같은 기분을 느낄 겁니다. 뭔가 문제가 있다는 건 알겠는데 정확히 무엇이 문제인지 알 수 없으니까요.

효과적인 설명 방법의 좋은 예시와 나쁜 예시를 각각 살펴보겠습니다.

구분	내용
좋은 예시	- "요약 버튼을 클릭했는데 아무 반응이 없으니 수정해줘." - "파일 저장 버튼을 클릭했는데, '저장 완료' 메시지만 나오고 파일이 저장되지 않으니 수정해줘"
나쁜 예시	- "프로그램이 제대로 동작 안하는데 수정해줘." - "버그가 있는 것 같으니 수정해줘."

또한 상황을 설명할때는 아래와 정보를 포함하는 것이 효과적입니다.

✔ 언제(어느 단계에서) 문제가 발생하는지?

✔ 무엇을 했는지? (사용자 입력을 어떻게 했는지?)

✔ 기대했던 결과와 실제 결과와의 차이점이 무엇인지

3. 단계별로 문제 위치 찾기

복잡한 프로그램에서는 문제가 어디서 발생하는지 찾기 어려울 때가 있습니다.

바이브코딩으로 A기능을 만들고, B기능을 추가한 다음 마지막으로 C기능을 추가했다고 가정해보겠습니다. A, B 기능까지는 잘 되다가 C기능을 추가하니까 프로그램이 이상해졌습니다. 그렇다면, 문제가 정말 C기능에만 있다고 단정할 수 있을까요?

이럴때는 단계별로 메시지를 출력해서 문제가 발생한 곳을 찾아가는 방법이 있습니다.

Cursor AI Chat에서 이렇게 요청하세요.

> "각 기능의 실행 전후에 메시지를 출력해서 오류가 나는 부분을 찾아보자. 예를 들어, '기능A 시작', '기능A 종료' 이런식으로"

프로그램을 실행하면 터미널에 이런 메시지들이 나타날 겁니다.

기능A를 시작합니다.

기능A를 마칩니다.

기능B를 시작합니다.

(여기서 멈춤)

이제 문제가 기능B 부분에서 발생했다는 것을 알 수 있습니다. 문제 해결을 위해서는 이 메시지를 복사해서 Cursor AI의 채팅창에 붙여넣기 하고, 수정해 달라고 요청하면 됩니다.

3

다시 시작하는것도 방법

다시 시작을 고려해야 하는 상황이라면 '60분 규칙'을 기억하세요.

60분 규칙은 같은 문제로 60분 이상 씨름하고 있다면 다시 시작을 고려해야 한다는 것입니다.

바이브코딩의 제일 큰 문제는 디버깅입니다. 디버깅은 전문 프로그래머들에게도 굉장히 중요한 문제입니다. AI가 작성한 코드를 이해하고, 버그를 찾아서 올바르게 동작하게 만드는 행위는 어쩌면 대단히 지적인 유희이기도 하지만, 우리가 코딩을 이해하고 버그를 찾는 것보다는 AI에게 요청하여 디버깅하거나, 여의치 않으면, 차라리 새로 만드는 것이 훨씬 빠릅니다.

이미 아시겠지만, 같은 LLM이라 하더라도, 다른 대화창에서는 다른 답변을 합니다. 아니, 정확하게 말하면, 다른 방식으로 답변합니다. 이 말은 목표를 달성하기 위한 방법이 하나만 있는게 아니라는 뜻입니다. 첫 번째 대화에서 **"가"방법**을 사용했는데, 버그가 많고, 이 버그를 수정하기 위해서 60분이나 씨름했는데 디버깅을 하지 못한다면, 차라리 새로 코딩을 시작하는 **"나"방법**이 더 빠르게 구현할 수 있는 방법인 경우가 있습니다.

물론, 60분은 상징적인 숫자입니다. 여러분 개개인의 성향이나, 프로그램의 난이도 등에 따라서 다를 수 있습니다. 제가 말씀드리는 것은 디버깅에 일정한 시간이 경과하는 경우에는 차라리 새로 시작하시라는 말씀입니다.

LLM은 우리의 지시에 따라, 한번에 책을 써내려가는 것과 같습니다. 우리가 한번에 글을 완성하기 어렵듯이 LLM의 답변도 한번에 완벽할 수 없습니다. 당연히 수정하고 다시 쓰는 것이 더 좋은 결과를 얻을 수 있는 방법입니다. (AI가 더 발전한 다음에는 한번에 완벽한 답변을 할 수도 있을지 모르겠습니다.)

그렇다면, 왜 시도를 한번만 해야 하나요?

만일 첫 번째 시도에서 버그가 많고, 버그를 수정하는 시간이 많이 소요된다면 차라리 두 번째를 시작하십시오.

4 실전 팁과 마음가짐

1. 효율적인 개발을 위한 팁

① 자주 백업하기

중요한 진전이 있을 때마다 Cursor AI에게 백업을 요청하십시오.

"현재 코드를 'backup_계산기_v1.py'로 저장해줘."

> GitHub(코드의 구글 드라이브라고 생각하시면 됩니다)를 사용하면 온라인에 코드를 안전하게 백업하고 더 체계적으로 관리할 수 있습니다.
> 하지만 GitHub는 바이브코딩 자체와는 다소 별개의 주제라서 이 책에서는 다루지 않았습니다. 바이브코딩에 익숙해지신 후에는 GitHub를 배워보시는 것을 추천합니다.

② 한 번에 하나씩 기능 추가

여러 기능을 동시에 추가하지 말고 하나씩 완성해가세요:

- ✔ 기본 창 만들기 → 테스트
- ✔ 입력 위젯 추가 → 테스트
- ✔ 버튼 추가 → 테스트
- ✔ 계산 로직 추가 → 테스트

2. 문제 해결 시 마음가짐

문제는 학습의 기회의 기회가 되기도 합니다.

오류가 발생하는 것은 자연스러운 일입니다. 우리는 LLM을 활용해서 바이브코딩을 하였습니다.

아시다시피, 우리는 한번에 완벽한 결과를 얻을 수 없습니다. 당연히 수정하고 다시 쓰는 것이 더 좋은 결과를 얻을 수 있는 방법입니다. (다시 한번 말씀드리지만, AI가 조금 더 발전한 다음에는 한번에 완벽한 답변을 할 수도 있을지 모르겠습니다.)

문제가 발생할 때 적절한 휴식이 해결책인 경우도 있습니다.

만약, 너무 오랜 시간 동안 같은 문제로 씨름하고 있다면 잠시 휴식을 취하십시오. 자리에서 벗어나 1시간 정도 다른 일을 하고 돌아오면 새로운 관점에서 문제를 볼 수 있습니다. 어쩌면, 퇴근하는 버스 안에서 멍하고 있을 때 갑자기 좋은 생각이 들거나, 침대에 누워 잠을 청하는 순간에 새로운 아이디어가 떠오르는 일도 있습니다. 적절한 휴식으로 다른 시각으로 문제를 해결할 기회를 놓치지 마십시오.

다른 방법으로 도전해 보는 것도 방법입니다.

저는 이 책에서 주로 Cursor를 활용해서 프로그램을 만드는 법을 말씀드렸습니다. Cursor는 좋은 프로그램입니다만, 무료로 사용하는 데에 다소 아쉬움이 있습니다. 이 책의 뒷부분에서는 Claude, ChatGPT와 Gemini를 통한 바이브 코딩 방법도 보여드렸습니다만, Grok도 바이브 코딩에 훌륭한 성능을 보여주는 LLM입니다. 물론, LLM에서의 바이브 코딩은 소스를 복사하거나 내려받아서 실행해야 하는 다소 귀찮은 작업이 있으나 바이브 코딩의 이점이 훨씬 큽니다. 저는 다양한 방법으로 여러분들이 바이브 코딩을 해 보시길 강력히 권합니다.

말할 줄 알면 프로그램 만든다

2025년 12월 15일 | 제1판 1쇄 인쇄
2025년 12월 22일 | 제1판 1쇄 발행

지 은 이 이동훈
발 행 인 이민동
발 행 처 (주)서울경제경영출판사
북 디 자 인 에이팩토리

주 소 03767 서울특별시 서대문구 신촌로 205, 201호
전 화 02) 313-2682
팩 스 02) 313-8860
등 록 1998년 1월 12일 제5-63호

ISBN 979-11-6282-147-3
정가 20,000원

※ 파본은 바꾸어 드립니다.